coleção fábula

JEAN STAROBINSKI
A melancolia diante do espelho
Três leituras de Baudelaire

Tradução de
Samuel Titan Jr.

editora■34

Prefácio de *Yves Bonnefoy* 6

    Apresentação 12
I   Melancolia ao meio-dia 13
II Ironia e reflexão 25
III Figuras inclinadas 43
IV Espelhos derradeiros 73

Prefácio de *Yves Bonnefoy*

Não é necessário recordar a amplitude, a variedade, a importância dos trabalhos de Jean Starobinski, que tem seu lugar merecido na linha de frente da crítica contemporânea. Vou me limitar a uma observação.

O tema de suas aulas no Collège de France foi a melancolia, que ele ajudou como ninguém desde Panofsky e Saxl a manter no centro das atenções dos historiadores da arte e da literatura. Nada de mais justificado que essa espécie de estudo, uma vez que a melancolia é talvez o que há de mais característico das culturas do Ocidente. Nascida do esvaziamento do sagrado, da distância crescente entre a consciência e o divino, refratada e refletida pelas situações e pelas obras mais diversas, ela é o espinho na carne dessa modernidade que, desde os gregos, está sempre nascendo, sem jamais chegar a se livrar de nostalgias, pesares, sonhos. Dela provém esse longo cortejo de gritos, gemidos, risos, cantos bizarros, estandartes em meio à fumaça de todos os nossos séculos, esse cortejo que vem fecundando a arte e semeando a desrazão — esta última por vezes disfarçada em razão extrema às mãos do utopista ou do ideólogo.

Mas não é admirável que, estudada com serenidade por Jean Starobinski, essa mesma desordem da alma converta-se em ocasião para um ato da razão, da verdadeira, daquela que se livrou de toda desmesura e de todo fantasma e não se entrega à vertigem, mesmo quando se debruça sobre o abismo? A melancolia, que só queria bem à noite, torna-se meio de conhecimento; se antes ela decompunha, agora ela serve à recomposição.

E minha observação resume-se a isso: essa soberba inversão talvez seja a essência da crítica. Aplicada à arte, à poesia, ela deveria ser menos a descrição, a análise do que está diante de nós, seja texto ou imagem, e mais a escuta daquilo que, na criação, furta-se a si mesmo, perde-se, ignora-se, não sem antes, contudo, transgredir as formas gastas da consciência. Fazer sentido a partir do que excede o sentido; à margem da razão, entre a escória e o fogo, operar a síntese de uma razão superior.

Creio que ninguém mais que o autor de *A relação crítica* contribuiu tanto para revelar essa função positiva e *civilizatória* da crítica. Eu acrescentaria que vem daí, justamente, a autoridade que emana de seus trabalhos e de suas palavras.

Essa autoridade era perceptível, de modo quase material, no silêncio atento que reinou na sala 8 durante o inverno de 1987-1988. Seu caráter benfazejo, ocasião de paz, de harmonia, fazia-se sentir de maneira crescente — e não sem pesar, por conta do tempo que passava rápido demais. A última aula foi o fim não de um curso, mas de uma relação que se tornara pessoal para cada um dos participantes. Foi com tristeza que nos separamos.

Apresentação

No inverno de 1987-88, fiz oito conferências sobre a história e a poética da melancolia para os ouvintes do Collège de France. Aquela foi para mim uma ocasião de fazer progressos em uma pesquisa que ora tenho a esperança de ver frutificar em um futuro mais próximo. Registro toda a minha gratidão ao sr. Yves Laporte, administrador do Collège de France, bem como aos professores que me convidaram a dar o curso. Não saberia como dizer tudo o que devo aos estímulos de Yves Bonnefoy, que fez a gentileza de acolher aquelas conferências entre as atividades por que é responsável na cátedra de estudos comparativos da função poética. Foi precioso o auxílio prestado por Odile Bombarde, mestre de conferências.

O tema dizia respeito à filosofia, à medicina, às belas-artes e à literatura. O perigo estava em perder-se na massa de documentos. Foi portanto necessário traçar um caminho e renunciar às vias laterais. Preferi deixar-me guiar por uma série de questões ligadas entre si, que evoluíram solidariamente. Como fala o melancólico? Como os poetas e os dramaturgos fazem-no falar, que voz lhe emprestam? Como se fala ao melancólico, ou seja, quais consolos e quais músicas se prestam a ele? Como a Melancolia se torna uma personagem autônoma?

Na cultura do Ocidente, e durante séculos, a melancolia foi inseparável da ideia que os poetas nutriam sobre sua própria condição. Pareceu-me frutífero confrontar os textos dos poetas e dos teóricos da literatura com certo número de representações pictoriais. E, sobretudo, a conjunção que a tradição filosófica estabelece entre melancolia e reflexão incitou-me a examinar o tema da *melancolia diante do espelho* e a atentar, no domínio literário, ao motivo da *figura inclinada*, que os historiadores da arte conhecem bem.

Sobre esse tema e esse motivo, Baudelaire oferece um testemunho de vulto. Consagrei-lhe uma das conferências daquele curso. O texto que apresento aqui comporta, como é de esperar, os complementos e as ampliações necessários para esta publicação. Mas vale recordar que estas páginas permanecem parciais e fragmentárias. Não apenas os aspectos mais gerais da história e da poética da melancolia são mencionados de forma implícita, mas sequer se pretende oferecer uma análise do conjunto das manifestações do *spleen* e da melancolia em Baudelaire.

As páginas consagradas a "O cisne" figuraram, em versão um pouco diferente, no volume em homenagem a Max Milner, *Du Visible à l'Invisible. Pour Max Milner* (Paris: José Corti, 1988). Estas leituras, em sua nova forma, não deixam de dirigir-se a ele.[1]

[1] Os textos de Charles Baudelaire são citados conforme a edição Pléiade das *Oeuvres complètes*, fixadas, anotadas e apresentadas por Claude Pichois em dois volumes (Paris: Gallimard, 1975-76), doravante referidas como OC. [As versões dos poemas que o leitor encontrará em rodapé são de ordem literal, sem pretensão poética. (N.T.)]

1 Melancolia ao meio-dia

A melancolia foi companheira íntima de Baudelaire. Nas *Flores do Mal*, o poema liminar "Ao leitor" erige em majestade a figura grotesca e repulsiva do Tédio. Mais adiante, a "Epígrafe para um livro condenado" é ainda mais explícita:

> *Lecteur paisible et bucolique,*
> *Sobre et naïf homme de bien,*
> *Jette ce livre saturnien,*
> *Orgiaque et mélancolique.*¹

Sabe-se que o próprio nome da melancolia, bem como seu descendente direto, o adjetivo "melancólico", haviam se tornado difíceis de pronunciar em poesia: os dois termos sofriam com o uso, associados em excesso à contemplação solitária em cenários de desfiladeiros e ruínas. Mesmo as fórmulas mais corriqueiras de ternura haviam recorrido a eles. Em *Fusées*, ao cabo de um repertório açucarado de "caprichos da língua", lê-se: "*Mon petit âne mélancolique*" ["Meu burrico melancólico"].² Em seus versos, Baudelaire empregará muito raramente essa palavra perigosa (o que não se dá em sua prosa, seus estudos de crítica e sua correspondência, onde não são necessárias as mesmas precauções).

Dizer a melancolia, sem pronunciar demais o termo: é forçoso recorrer aos sinônimos, aos equivalentes, às metáforas. Trata-se de um desafio ao trabalho poético. Deve-se operar deslocamentos. Em primeiro lugar, de ordem lexical. O termo *spleen*, proveniente do

1 "Épigraphe pour un livre condamné", OC I, p.137. Cf. a exposição geral de Pierre Dufour, "*Les Fleurs du Mal*: dictionnaire de mélancolie", in *Littérature* 72, dezembro de 1988, pp.30-54.

2 *Fusées*, OC I, p.660.

Leitor pacato e bucólico,/ sóbrio e ingênuo homem de bem,/ joga fora este livro saturnal,/ orgiástico e melancólico.

inglês, que o formara a partir do grego (*splên*, o baço, sede da bile negra e, portanto, da melancolia), designa o mesmo mal, mas por um desvio que faz dele uma espécie de intruso, ao mesmo tempo elegante e irritante. O vocabulário francês já o acolhera antes que se introduzissem os termos *dandy* e *dandysme*. Nas *Flores do Mal*, o lugar do *spleen* é dominante: não figura nos versos, mas nos títulos. Os poemas intitulados "Spleen" — na seção primeira, "Spleen e ideal" —, sem pronunciar o nome da melancolia, podem ser considerados emblemas ou brasões perifrásticos dela. Dizem-na em outras palavras, em outras imagens: eles a alegorizam — e é difícil decidir se a alegoria é o corpo ou a sombra da melancolia baudelairiana. Não terei como deixar de voltar ao assunto ao longo deste estudo.

*

Desde suas primeiras tentativas poéticas, Baudelaire já sabia muito a respeito: tinha a experiência subjetiva da melancolia e conhecia os recursos retóricos e iconológicos a que uma longa tradição recorria para interpretá-la. No poema que dirige a Sainte-Beuve, por volta de 1843, Baudelaire prova sua aptidão para "beber", como diz no mesmo texto, "o eco longínquo de um livro". A evocação dos "aborrecimentos" dos anos de colégio suscita uma belíssima entrada em cena da Melancolia alegorizada, e a referência à *Religiosa* de Diderot alegoriza literariamente a própria alegoria: a figura que se vê é aquela, ficcional, de uma outra juventude cativa, à mercê das piores sevícias atrás dos muros de um convento. O colégio, o convento — dois aspectos de uma mesma melancolia claustral:

> C'était surtout l'été, quand les plombs se fondaient,
> Que ces grands murs noircis en tristesse abondaient,
> [...]
> Saison de rêverie, où la Muse s'accroche
> Pendant un jour entier au battant d'une cloche;
> Où la Mélancolie, à midi, quand tout dort,
> Le menton dans la main, au fond du corridor, —
> L'oeil plus noir et plus bleu que la Religieuse
> Dont chacun sait l'histoire obscène et douloureuse,
> — Traîne un pied alourdi de précoces ennuis,
> Et son front moite encor des langueurs de ses nuits.[3]

Como se sabe, "le menton dans la main" [IL.1, P.81] é o gesto emblemático que Panofsky, Saxl e seus continuadores estudaram a partir de documentos abundantes.[4] O meio-dia é a hora do demônio e da *acedia* exasperada. É a hora em que a luz aparentemente triunfante suscita o assalto de seu contraditor; a hora em que a vigilância extrema que se prescreve ao espírito é vencida insidiosamente pela sonolência. A lentidão, o torpor estão entre os atributos mais constantes da personagem melancólica, quando esta não é votada à imobilidade completa. Em inumeráveis textos anteriores, o *passo lento* é um dos grandes sinais do *habitus* melancólico. No poema de Baudelaire, o *"pied alourdi"*, ao mesmo tempo

---

Era sobretudo no verão, quando os chumbos se fundiam,/ que aquelas altas paredes enegrecidas abundavam em tristeza,/ [...]/ Estação de devaneio, em que a Musa se aferra/ um dia inteiro ao bater de um sino;/ em que a Melancolia, ao meio-dia, quando tudo dorme —/ a mão no queixo, ao fundo do corredor,/ o olho mais negro e mais azul que o da Religiosa/ de quem todos sabem a história obscena e dolorosa —,/ arrasta um pé carregado de tédios precoces,/ a fronte ainda úmida dos langores da noite.

[3] "Tous imberbes alors...", OC I, pp.206-07.

[4] R. Klibansky, E. Panofsky e F. Saxl, *Saturn and Melancholy* (Nova York: Basic Books, 1964); tradução francesa dirigida por L. Evrard (Paris: Gallimard, 1989). Ver ainda William S. Heckscher, "Melancholia (1541). An Essay in the Rhetoric of Description by Joachim Camerarius", in Frank Baron (org.), *Joachim Camerarius (1500-1574). Essays on the History of Humanism during the Reformation* (Munique: Fink, 1978), pp.32-120; e Maxime Préaud, *Mélancolies* (Paris: Herscher, 1982).

que renova essa imagem tradicional, atesta igualmente que o poeta não esqueceu os pés de Suzanne Simonin (a religiosa de Diderot), feridos pelos cacos de vidro que as perseguidoras espalharam em seu caminho... Quanto ao sino, se por um lado faz pensar na gravura de Dürer, por outro também prefigura aqueles que *"sautent avec furie"* ["saltam com fúria"] no quarto "Spleen".

Semelhante à heroína de Diderot, a Melancolia alegorizada por Baudelaire é jovem: seus *"ennuis"* são *"précoces"*, ela tem *"nuits"* de langor. É parente daquelas *"Lesbiennes"* (a sequência do poema é prova evidente disso) de que Baudelaire se julgava arauto, a ponto de pensar em inscrevê-las no frontispício de sua reunião de poemas. Nenhuma semelhança, à primeira vista, com as personificações que encontramos em Dante, Alain Chartier ou Charles d'Orléans: a Melancolia — ou *Merencolie* ou *Mère Encolie* — aparecia-lhes como mulher idosa, hostil, vestida de negro, portadora de notícias sinistras. Nenhuma analogia ainda com o anjo ou a musa da vida contemplativa, evocada no *Penseroso* de Milton. Mas na figura traçada pelo jovem Baudelaire permaneceu alguma coisa dessas encarnações anteriores — quando mais não fosse, o persistente nome tipológico e a gravidade lenta.

No passado, a melancolia alegorizada não animava apenas certas figuras antropomórficas, ela se inscrevia igualmente em objetos, em aspectos do mundo. Vale lembrar que, para Charles d'Orléans, ela é o "vento" frio do inverno, a "prisão de Dédalo", o "bosque" em que vive o ermitão, o "poço profundo" em que a "sede de Consolo" não tem como se saciar.⁵ Pois bem, na série de textos-testemunhos que me servem de guia, esse poço anuncia de longe o rio sobre o qual, em *As You Like It*, Jacques se debruça para chorar, em atitude que lembra a de Narciso. O "poço de minha melancolia" de Charles d'Orléans é também o "poço profundo" (*"a deep well"*) ao qual o rei Ricardo II, na tragédia de Shakespeare, compara a coroa que ele deve abandonar, e no fundo do qual, como um balde cheio de água, ele mesmo se afunda, banhado em lágrimas; Ricardo II, nessa mesma cena, ordena que lhe tragam um espelho, no qual lê as marcas de sua desgraça antes de quebrá-lo.⁶

É bom lembrar que, por vezes, a tradição iconológica associou à melancolia o espelho e o olhar voltado para a imagem refletida. O espelho é acessório indispensável do coquetismo e emblema da verdade, mas não por isso devemos pensar que seja empregado com menos conveniência quando está sob os olhos de um melancólico. Dessa valência plural resulta uma motivação reforçada. No espelho da verdade, o coquetismo é futilidade, reflexo perecível. E não há melancolia mais "profunda" que aquela que se ergue, diante do espelho, face à evidência da precariedade, da falta de profundidade e da Vaidade irremediável.⁷

O jovem Baudelaire sabia de tudo isso pela "biblioteca" a que estava encostado seu "berço",⁸ pelas "gravuras" de que andava "enamorado"?⁹ Seja como for, o fato é que, no poema dirigido a Sainte-Beuve, duas cenas diante do espelho seguem-se à aparição da Melancolia

5 Cf. Jean Starobinski, "L'Encre de la mélancolie", in *La Nouvelle Revue Française* XI, março de 1963, pp.410-23. Nesse ensaio, discuto particularmente o rondó "Ou puis parfont de ma merencolie" (número CCCXXV da edição de Charles d'Orléans aos cuidados de Pierre Champion, *Poésies* (Paris: Champion, 1927), vol. II, p.477.

6 *Ricardo* II, ato IV, cena 1.

7 Veja-se G.F. Hartlaub, *Zauber des Spiegels. Geschichte und Bedeutung des Spiegels in der Kunst* (Munique: Piper, 1951), especialmente pp.149-57. Cf. igualmente Hart Nibbrig, *Spiegelschrift* (Frankfurt: Suhrkamp, 1987).

8 "La Voix", OC I, p.170: "*Mon berceau s'adossait à la bibliothèque*".

9 "Le Voyage", OC I, p.129: "*Pour l'enfant, amoureux de cartes et d'estampes*".

personificada. Um espelho de volúpia solitária e um espelho de sofrimento igualmente solitário. A Melancolia surgia ao meio-dia. Os primeiros espelhos de Baudelaire pertencem às horas vesperais e noturnas; são os oficiantes de um prazer perverso:

> — *Et puis venaient les soirs malsains, les nuits fiévreuses,*
> *Qui rendent de leur corps les filles amoureuses,*
> *Et les font aux miroirs — stérile volupté —*
> *Contempler les fruits mûrs de leur nubilité —* [...]¹⁰

10 "Tous imberbes alors...", OC I, p.207.

Estes versos, como se sabe, reaparecerão em "Lesbos", ligeiramente modificados ("*contempler*", notadamente, será substituído por "*caresser*"). Dirigindo-se a Sainte-Beuve, Baudelaire parece ter introduzido o termo "*volupté*" para melhor evocar sua leitura da "história de Amaury" e para melhor confessar que a leitura de *Volupté* levara-o ao autoexame; "*gratter*" suplanta "*contempler*":

> *Et devant le miroir j'ai perfectionné*
> *L'art cruel qu'un Démon en naissant m'a donné,*
> *— De la Douleur pour faire une volupté vraie, —*
> *D'ensanglanter son mal et de gratter sa plaie.*¹¹

11 *Ibidem*, p.208. A Dor, entidade alegorizada, é parte do cortejo da Melancolia. No caso, funciona como suplente e permite distinguir a falsa e a verdadeira melancolia. Hégésippe Moreau "chorava muito por sua pessoa", mas "não amava a dor, não a reconhecia como uma dádiva" — "Hégésippe Moreau", OC II, pp.158 e 160.

Outras aproximações textuais comprovam a associação insistente que Baudelaire estabelece entre a melancolia e o espelho. Não darei mais que dois exemplos, sem me deter a respeito.

———

— E depois vinham as tardes malsãs, as noites febris,/ que deixam as moças apaixonadas por seus próprios corpos/ e as fazem, diante dos espelhos — estéril volúpia —,/ contemplar os frutos maduros da idade núbil —[...].

———

E diante do espelho aprimorei/ a arte cruel que um Demônio nascente me conferiu/ — para fazer da Dor uma volúpia verdadeira —/ de fazer sangrar o mal e de esfolar a ferida.

Uma estrofe (versos 29 a 36) de "Le Jet d'eau" pode ser lida como a exposição de um tema musical:

> *Ô toi, que la nuit rend si belle,*
> *Qu'il m'est doux, penché vers tes seins,*
> *D'écouter la plainte éternelle*
> *Qui sanglotte dans les bassins!*
> *Lune, eau sonore, nuit bénie,*
> *Arbres qui frissonez autour,*
> *Votre pure mélancolie*
> *Est le miroir de mon amour.*[12]

[12] "Le Jet d'eau", OC I, p.161.

O segundo testemunho é a página famosa de *Fusées* em que Baudelaire define seu ideal de belo, com o elemento melancólico que lhe parece necessário. Bastaria aqui uma simples alusão, se quiséssemos apenas recordar essa "estética do Infortúnio" (que também Pierre Jean Jouve, mais recentemente, fará sua). Contudo, quero citar essas linhas porque nelas os termos "melancolia" e "espelho" suscitam-se mutuamente e porque, mais adiante, me deixarei guiar pela conjunção desses dois termos:

> Não quero dizer que a Alegria não possa se associar à Beleza, mas sim que a Alegria é um de seus ornamentos mais vulgares — ao passo que a *melancolia* é, por assim dizer, sua ilustre companheira, a tal ponto que não concebo (meu cérebro seria um espelho enfeitiçado?) um tipo de beleza em que não haja *Infortúnio*.

Ó tu, que a noite torna tão bela,/ como me é doce, inclinado sobre teus seios,/ escutar a queixa eterna/ que soluça nas fontes!/ Lua, água sonora, noite abençoada,/ árvores que estremeceis ao redor,/ vossa pura melancolia/ é o espelho do meu amor.

Com base nessas ideias — outros diriam: obcecado por elas —, é de entender que me pareça difícil não concluir que o mais perfeito tipo da Beleza viril é *Satã* — à maneira de Milton.¹³

Nas linhas que precedem a passagem citada, Baudelaire analisara a beleza capaz de conferir mais sedução a um busto feminino: também nesse caso reclamara uma mistura de "volúpia e tristeza". Esperava "uma ideia de melancolia, de lassidão, até mesmo de saciedade" e acrescentava que um rosto de mulher "é uma provocação tão mais atraente quanto mais esse rosto é, em suas linhas gerais, mais melancólico".¹⁴ Baudelaire decerto conhece todo o perigo da melancolia. Ele sabe ler, naquilo que o seduz, "uma amargura recorrente, fruto de privação ou de desespero", e ainda "as necessidades espirituais, as ambições tenebrosamente reprimidas".¹⁵ Não é o caso de invocar Freud para interpretar essa repressão; o próprio Baudelaire fala desse "humor, histérico para os médicos, satânico para aqueles que pensam um pouco melhor que os médicos"...¹⁶ A ambivalência é completa: Baudelaire "cultivou" sua "histeria com deleite e terror", mas desejaria "curar-se de tudo, da miséria, da doença e da melancolia".¹⁷

Sim, o "cérebro" de Baudelaire é um "espelho enfeitiçado". E, a propósito de sua definição do Belo, ele não pode deixar de evocar, na mesma página, "o tipo ideal do Dândi". O dandismo tem a beleza de um crepúsculo enlutado. Em *O pintor da vida moderna*, lê-se

13 *Fusées*, OC I, pp.657-58.

14 *Ibidem*, p.657.

15 *Idem*.

16 "Le Mauvais vitrier", OC I, p.286.

17 *Journaux intimes*, OC I, pp.668-69.

que "o dandismo é um sol poente; como o astro que declina, ele é soberbo, sem calor e cheio de melancolia".[18] Ora, o dândi, cuja grande ocupação é a toalete e a busca do sublime pessoal, "deve viver e dormir diante de um espelho".[19] Em *A Fanfarlo*, retratando seu herói, Baudelaire escreve: "Se uma lembrança lhe fazia brotar uma lágrima no canto do olho, ele corria para a frente do espelho para se ver chorar".[20] Samuel Cramer encena para si mesmo o teatro dos sentimentos. Ao fim de sua aventura, nós o encontraremos "doente de melancolia do azul" e possuído pela "tristeza em que nos lança a consciência de um mal incurável e constitucional"...[21] Impõe-se uma observação aqui: ligada ao dandismo, a um prazer estranho, ao ritual da toalete, a visão no espelho é o *privilégio* aristocrático do indivíduo que sabe ser ator de si mesmo. Baudelaire denuncia um verdadeiro sacrilégio no poema em prosa "O espelho": um "sujeito horrendo" que julga ter o direito de olhar-se no espelho, "segundo os imortais princípios de 1789!".[22]

[18] *Le Peintre de la vie moderne*, OC II, p.712

[19] *Mon coeur mis à nu*, OC I, p.678.

[20] *La Fanfarlo*, OC I, p.554.

[21] *Ibidem*, pp.578 e 580, respectivamente.

[22] "Le Miroir", OC I, p.344.

II Ironia e reflexão:
   "L'Héautontimorouménos"
   e "L'Irrémédiable"

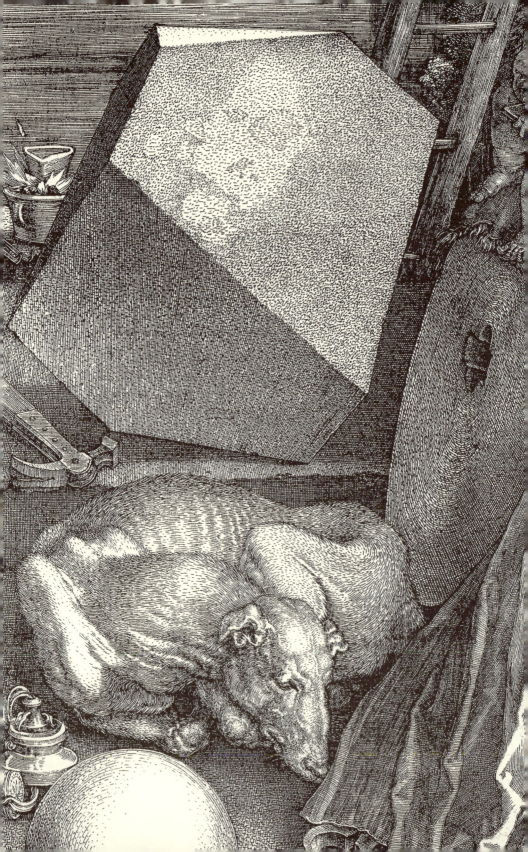

Dois poemas, "L'Héautontimorouménos" (LXXXIII) e "L'Irrémédiable" (LXXXIV), oferecerão os exemplos mais surpreendentes de uma conjunção da melancolia e do espelho, com a cumplicidade ativa do Demônio. Decerto não é por acaso que os dois poemas formam um par e que os dois sonetos que os precedem, "Alchimie de la douleur" e "Horreur sympathique" fazem que o orgulho do poeta *se contemple* nos "*cieux déchirés comme des grèves*" ["céus rasgados como..."].[1] O agrupamento em duplas é significativo e antecipa outras melancolias espelhadas nos "Tableaux parisiens" e na "Lune offensée".

Na arquitetura das *Flores do Mal*, esses espelhos perversos sucedem, a distância, o grande espelho natural do mar: releiamos os primeiros versos de "*L'Homme et la mer*" (XIV):

> *Homme libre, toujours tu chériras la mer!*
> *La mer est ton miroir; tu contemples ton âme*
> *Dans le déroulement infini de sa lame,*
> *Et ton esprit n'est pas un gouffre moins amer.*
> *Tu te plais à plonger au sein de ton image...*

E é um espelho todo interior, ferida entre outras feridas, que veremos surgir em "L'Héautontimorouménos", esse poema sobre um "carrasco de si mesmo":

---

1 OC I, pp.77-78. Nos quatro poemas, Baudelaire utiliza o octossílabo. Foi apenas na edição de 1861 que Baudelaire aproximou "L'Héautontimorouménos" (LXXXIII) de "L'Irrémédiable" (LXXXIV). Em 1857, esses dois poemas levavam os números LII e LXIV.

Homem livre, sempre quererás bem ao mar!/ O mar é teu espelho; tu contemplas tua alma,/ no desdobrar infinito dessa lâmina,/ e teu espírito não é abismo menos amargo./ Tu te comprazes em mergulhar no seio de tua imagem...

L'Héautontimorouménos

À J.G.F.

Je te frapperai sans colère
Et sans haine, comme un boucher,
Comme Moïse le rocher!
Et je ferai de ta paupière,

Pour abreuver mon Sahara,
Jaillir les eaux de la souffrance.
Mon désir gonflé d'espérance
Sur tes pleurs salés nagera

Comme un vaisseau qui prend le large,
Et dans mon coeur qu'ils soûleront
Tes chers sanglots retentiront
Comme un tambour qui bat la charge!

Ne suis-je pas un faux accord
Dans la divine symphonie,
Grâce à la vorace Ironie
Qui me secoue et qui me mord?

Elle est dans ma voix, la criarde!
C'est tout mon sang, ce poison noir!
Je suis le sinistre miroir
Où la mégère se regarde!

O Heautontimoroumenos// A J.G.F.// Eu te golpearei sem cólera/ e sem ódio, como um açougueiro,/ como Moisés fez ao rochedo!/ E farei de tua pálpebra,// para embeber meu Saara,/ jorrar as águas do sofrimento./ Meu desejo inchado de esperança/ em tuas lágrimas salgadas há de nadar// como um navio que se faz ao largo,/ e no meu coração, ébrio deles,/ teus caros soluços ressoarão/ como um tambor que bate a carga!// Não sou um acorde em falso/ na divina sinfonia,/ graças à voraz Ironia/ que me sacode e que me morde?// Ela está em minha voz, a estridente!/ Esse veneno negro é todo o meu sangue!/ Sou o sinistro espelho/ em que a megera se contempla!

Je suis la plaie et le couteau!
Je suis le soufflet et la joue!
Je suis les membres et la roue,
Et la victime et le bourreau!

Je suis de mon coeur le vampire,
— Un de ces grands abandonnés
Au rire éternel condamnés,
Et qui ne peuvent plus sourire!

Poema espantoso e muito importante: sabemos que é a conclusão (e a única parte jamais escrita) de um projeto de epílogo às *Flores*.² Numa construção refinada, inverte--se a dor infligida a outrem em dor infligida a si mesmo. O poema demonstra, se é que era necessário fazê-lo, a precedência da agressão sádica sobre a inversão masoquista. É da energia que atinge outrem, sem motivação explícita, que deriva o tormento infligido a si mesmo. Derivação conduzida ao longo de uma série de imagens em que a onda de lágrimas provocadas amplifica-se até alcançar as dimensões de uma paisagem fluvial e marinha, ao passo que o jogo das comparações multiplica e fragmenta as figuras do "eu lírico". De maneira inesperada, através das imagens acústicas encadeadas do *"tambour qui bat la charge"* (os soluços da amante golpeada) e do *"faux accord"* (que qualifica o poeta), efetua-se a inversão contra si mesmo: abertura para a entrada em cena da Ironia. Em vista do problema que nos ocupa, convém dar alguma atenção a essa nova personagem alegórica, dignificada pela maiúscula.

2 Cf. OC I, pp.984-85. Ver Georges Blin, *Baudelaire* (Paris: Gallimard, 1939) e *Le Sadisme de Baudelaire* (Paris: Corti, 1948).

Sou a ferida e a faca!/ Sou o tapa e a face!/ Sou os membros e a roda,/ Sou a vítima e o carrasco!// Sou de meu próprio coração o vampiro/ — Um desses grandes abandonados,/ ao riso eterno condenados,/ e que não sabem mais sorrir!

*

O reflexo, o ato reflexivo haviam levado os românticos alemães à teoria da ironia, que Baudelaire conhecia na versão alegorizada na *Princesa Bambrilla* de E.T.A. Hoffmann, pela qual professava viva admiração. Segundo esse capricho hoffmanniano, e sobretudo segundo a fábula do rei Ophioch, intercalada no relato, a reflexão separa os homens da natureza maternal e os vota à tristeza do exílio. Contudo, para o rei Ophioch e a rainha Liris, cativos de um longo sono, a libertação virá por um desdobramento da reflexão, isto é, pelo humor e pela ironia: inclinando-se sobre as águas do lago mágico de Urdar, os dois descobrem sua imagem invertida, entreolham-se e começam a rir. O exílio chegou ao fim. No relato principal, Giglio, ator medíocre, passa pelas provações de um "dualismo crônico"[3] em meio à desordem alegre do Carnaval romano: a derrisão de si mesmo cura-o das ilusões do orgulho ressentido e lhe dá acesso ao amor verdadeiro e à perfeição no ofício de ator. Do romance de Hoffmann, que ele celebra como um "catecismo de alta estética", Baudelaire retém essencialmente a lição que diz respeito à arte, ou seja, a definição do "cômico absoluto", a um só tempo "inocente" e "hiperconsciente": "O artista só é artista se for duplo e não ignorar nenhum dos fenômenos de sua natureza dupla".[4] Mas a ironia — reflexão da reflexão — não possui, para Baudelaire, nenhuma virtude libertadora. Se tem parte com o "cômico absoluto", isto é, com a forma superior do riso, nada prova, no ensaio sobre "A essência do riso", que ela

---

[3] "De l'Essence du rire", in OC II, p.542.

[4] *Ibidem*, p.543. Estendi-me sobre *A princesa Bambrilla* em "Ironie et Mélancolie: Gozzi, Hoffmann, Kierkegaard", in *Critique* 227-28 (1966), pp.291-308 e 438-57. Abordei a mesma questão numa apresentação mais geral: "Le Rire de Démocrite (mélancolie et réflexion)", in *Bulletin de la Société Française de Philosophie* 83.1 (1989), pp.5-20.

perca o caráter satânico que Baudelaire lhe atribuíra de início. A ironia, como a melancolia, como a imagem que os espelhos refletem, segue sendo atributo de Satã. O riso libertava Ophioch. O "riso eterno" é o castigo infernal do carrasco de si mesmo. Lemos há pouco, em "L'Héautontimorouménos":

Ne suis-je pas un faux accord
Dans la divine symphonie,
Grâce à la vorace Ironie
Qui me secoue et qui me mord?

Elle est dans ma voix, la criarde!
C'est tout mon sang, ce poison noir!
Je suis le sinistre miroir
Où la mégère se regarde!

Na tradição da medicina clássica dos humores, a melancolia se definia muito precisamente como um "veneno negro".[5] O efeito corrosivo da bile negra, não mais temperado pela "doçura" do humor sanguíneo, produzia seus malefícios em todo o organismo, a começar pelo cérebro. Substituindo, em seu poema, a melancolia pela ironia, Baudelaire substitui uma agressividade humoral pela agressividade de um ato de consciência: como um alquimista, ele transmuta a melancolia, refina-a e a espiritualiza, privilegia sua ponta cortante, a quintessência sadomasoquista; mordaz e voraz, a ironia logo assume feições bestiais.

Não sou um acorde em falso/ na divina sinfonia,/ graças à voraz Ironia/ que me sacode e que me morde?// Ela está em minha voz, a estridente!/ Esse veneno negro é todo o meu sangue!/ Sou o sinistro espelho/ em que a megera se contempla!

5 Os médicos falavam de "acrimônia ácida", de "excremento", de "borra de sangue" etc. Essas noções clássicas encontram-se reunidas no tratado enciclopédico de Robert Burton, *The Anatomy of Melancholy* (Oxford, 1621), reimpresso até nossos dias. O livro era bem conhecido dos românticos ingleses. O "veneno negro" que atormenta o "Héautontimorouménos" é precisamente o *"élément corrompu"* que, no terceiro "Spleen" (LXVII), leva à morte o jovem *"roi d'un pays pluvieux"* ["rei de um país chuvoso"], em clima de Renascença imaginária: *"Le savant qui lui fait de l'or n'a jamais pu/ De son être extirper l'élément corrompu [...]"* ["O sábio que lhe fabrica o ouro nunca pode/ extirpar de seu ser o elemento corrompido"] — OC I, p.74.

Se a ironia faz do poeta um "acorde dissonante", é porque aqui reaparece mais um velho atributo da melancolia, sem que esta seja explicitamente nomeada. Pouco importa, uma vez que ela se apresenta por seus efeitos. Em *As You Like It* (II.7, 5-6), o duque zomba de Jacques, o melancólico: ele é um *"compact of jars"* ["feixe de chiados"] e, caso comece a fazer música, *"we shall have shortly discord in the spheres"* ["logo teremos desarmonia nas esferas"].

A dissonância entre o homem melancólico e a música do mundo (a *musica mundana* renascentista) é a consequência da discórdia intrapsíquica em que a Ironia personificada ganha feição de inimigo íntimo. Depois de assumir, no começo do poema, diante de uma vítima apostrofada, o papel de perseguidor cruel, o sujeito lírico parece esquecer essa que ele acabou de ameaçar: fala apenas de si mesmo, dizendo-se vítima da Ironia, para depois se arrogar o duplo papel de perseguido e perseguidor. Releiam-se os versos tantas vezes comentados:

Je suis la plaie et le couteau!
Je suis le soufflet et la joue!
Je suis les membres et la roue,
Et la victime et le bourreau!

Je suis de mon coeur le vampire,
— Un de ces grands abandonnés
Au rire éternel condamnés,
Et qui ne peuvent plus sourire!

Sou a ferida e a faca!/ Sou o tapa e a face!/ Sou os membros e a roda,/ Sou a vítima e o carrasco!// Sou de meu próprio coração o vampiro/ — Um desses grandes abandonados,/ ao riso eterno condenados,/ e que não sabem mais sorrir!

A primeira pessoa do verbo "ser" ("*Ne suis-je pas...*", seguido de "*Je suis*", repetido cinco vezes) imprime seu ímpeto às quatro últimas estrofes do poema, ao passo que as sevícias infligidas à amante e seu eco no coração do poeta não ocupam mais que os três primeiros quartetos. A relação consigo mesmo suplantou a relação com outrem: para tanto, terá ocorrido o desdobramento graças ao qual *castigar a si mesmo* torna-se um gesto representável, homólogo e inverso ao gesto de castigar outrem. A dupla açougueiro/animal do começo do poema foi interiorizada. A Ironia, entidade distinta, animada de energia própria e hostil, é o adversário ativo que suplantou, para o eu poético, a vítima passiva. Mais ainda, assiste-se à duplicação dos atributos do verbo "ser", que justapõe predicados antagônicos (ferida e faca, tapa e face etc.). Acrescenta-se a isso, em plano mais geral, a alegorização de si mesmo que, sob pretexto de uma declaração de identidade ("*Je suis*"), multiplica as figuras da alteridade. Pois à personificação singularizante da Ironia sucede, como atributos de "*Je suis*", uma ventania de alegorias fugazes e intercambiáveis.

"*Je suis le sinistre miroir*" alegoriza o eu, materializando-o, convertendo-o em objeto (o mesmo procedimento é empregado no segundo "Spleen": "*Je suis un cimetière* [...] *Je suis un vieux boudoir* [...] *Désormais tu n'es plus, ô matière vivante!/ Qu'un granit*").[6] A alegoria, desta feita, não se vincula mais à personificação: ela é despersonalizante, desvitalizante. Tornar-se espelho

6 "Spleen" (LXXVI), OC I, p.73.

Sou um cemitério [...] *Sou uma velha alcova* [...] *Doravante não és, ó matéria viva!, mais que um granito* [...].

significa reduzir-se a mera superfície refletora: a consciência transmutada em espelho vivencia passivamente a reflexão. Ela apenas suporta as formas e as criaturas que se postam a sua frente, a fim de devolver-lhes o reflexo. Sua recusa infinita é ao mesmo tempo um acolhimento infinito: a Ironia, em seu aspecto de *"mégère"*, é uma estranha perseguidora, que tem o poder da autocontemplação, ela *"se regarde"*, ao passo que o eu-espelho está fixado em sua solidez lisa e imóvel. O eu-espelho figura um aspecto extremo da melancolia: ele não se pertence, é pura destituição. Baudelaire não foi o único a exprimir o desespero da passividade refletora. Em *Leonce e Lena*, Büchner faz a princesa dizer: "Serei então como a pobre nascente, indefesa, forçada a devolver o reflexo de cada imagem que se inclina sobre ela, em sua profundidade silenciosa?".[7]

Em Baudelaire, o *alter ego* que impõe sua violência é portanto a Ironia, a megera: delegação alegórica do eu poético, mas igualmente retorno vingador da figura feminina vulnerável que o poeta tomara por objeto de seu sadismo. A imaginação do leitor não tem como deixar de ver a *"paupière"* — da qual o poeta quer fazer *"jaillir les eaux de la souffrance"* — abrir-se para que assome o olhar da megera recolhendo sua própria imagem na limpidez paralisada do espelho. Nesses dois versos, a megera tem os poderes da Medusa e congela quem quer que ela fite.[8] A vitrificação é uma variante da petrificação, o vidro do espelho é um homólogo do *"vieux sphinx"* ["velha esfinge"] granítico do segundo "Spleen".[9]

---

7 Georg Büchner, *Leonce und Lena*, ato I, cena IV. Como se sabe, o texto, publicado em 1850 a partir de cópias hoje perdidas, é pouco seguro. Ver Georg Büchner, *Werke und Briefe* (Munique: Hanser, 1988).

8 Cf. Jean Clair, *Méduse* (Paris: Gallimard, 1989), especialmente pp.169 e ss.

9 "Spleen" (LXXVI), OC I, p.73: *"Un vieux sphinx ignoré du monde insoucieux"*.

Espelho, ironia, melancolia. Um outro texto os associa. Escutemos, em "Portraits de maîtresses", o relato de um dos personagens: ele já amou uma mulher, sua perfeição era comparável à de um espelho, a imagem refletida era insuportável, ela destruía a liberdade do amante. Valendo-nos das facilidades da linguagem psicanalítica, diríamos que o espelho era castrador. Dessa vez, o retorno agressivo condena à morte o ser cuja própria perfeição trazia consigo a morte. Nessa página, em que a analogia com "L'Héautontimorouménos" é perceptível,[10] será preciso que o crime se consume ao termo de uma *"mélancolique promenade"* à beira de um brejo (*"mare"*):

[10] Leia-se a observação de Claude Pichois em OC I, p.1346.

> A história de meu amor assemelha-se a uma interminável viagem sobre uma superfície pura e polida como um espelho, vertiginosamente monótona, capaz de refletir todos os meus sentimentos e todos os meus gestos com a exatidão irônica de minha própria consciência, de tal modo que eu não podia me permitir um gesto ou um sentimento insensato sem perceber a censura muda de meu inseparável espectro. O amor me parecia uma tutela. [...] Ela me privava de todos os benefícios que eu pudesse extrair de minha loucura pessoal. [...] Quantas vezes não me contive para não lhe saltar ao pescoço, gritando: "Sê afinal imperfeita, miserável, para que eu possa te amar sem mal-estar e sem cólera!". Por vários anos eu a admirei, o coração tomado de ódio. Finalmente, não fui eu

a morrer! [...] Vencer ou morrer, como diz a Política, era a alternativa que o destino me impunha! Uma noite, num bosque... à beira de um brejo..., após um passeio melancólico durante o qual os olhos dela refletiam a suavidade do céu e meu coração se crispava como o inferno...[11]

11 "Portraits de maîtresses", OC I, pp.348-49.

A perfeição inspirando o "horror"; o olho refletindo a "suavidade do céu", mas refletindo para o amante infernal "a censura muda de meu inseparável espectro". A série de reflexos torna-se mais sombria, e o destino do ser angelical se consumará nas profundezas das águas turvas. O movimento de queda, tal como ele se traça aqui, com a aquiescência perversa que o acompanha, é o mesmo que impele as estrofes de "L'Irrémédiable", poema "nominal", sem *eu* nem *tu*, e que repete, na impessoalidade, na universalidade do emblema, tudo o que os textos precedentes nos disseram do extermínio produzido pela reflexão melancólica:

L'Irrémédiable

I

Une Idée, une Forme, un Être
Parti de l'azur et tombé
Dans un Styx bourbeux et plombé
Où nul oeil du Ciel ne pénètre;

O Irremediável// I // Uma Ideia, uma Forma, um Ser/ extraído do azul e caído/ num Styx lodacento e estirado,/ onde não penetra nenhum olho do céu;

Un Ange, imprudent voyageur
Qu'a tenté l'amour du difforme,
Au fond d'un cauchemar énorme
Se débattant comme un nageur,

Et luttant, angoisses funèbres!
Contre un gigantesque remous
Qui va chantant comme les fous
Et pirouettant dans les ténèbres;

Un malheureux ensorcelé
Dans ses tâtonnements futiles,
Pour fuir d'un lieu plein de reptiles,
Cherchant la lumière et la clé;

Un damné descendant sans lampe,
Au bord d'un gouffre dont l'odeur
Trahit l'humide profondeur,
D'éternels escaliers sans rampe,

Où veillent des monstres visqueux
Dont les larges yeux de phosphore
Font une nuit plus noire encore
Et ne rendent visibles qu'eux;

Un navire pris dans le pôle,
Comme en un piège de cristal,
Cherchant par quel détroit fatal
Il est tombé dans cette geôle;

---

um Anjo, imprudente viajante/ tentado pelo amor ao disforme,/
ao fundo de um pesadelo enorme/ debatendo-se como um nadador//
e lutando, entre angústias fúnebres,/ contra um gigantesco
redemoinho/ que vai cantando feito os loucos/ e dando piruetas
em meio às trevas;// um infeliz enfeitiçado/ que tateia em vão/ para
fugir de um lugar repleto de répteis,/ buscando a luz e a chave;//
um condenado descendo sem lampião —/ à beira de um abismo cujo
odor/ trai sua úmida profundidade —/ por escadarias eternas,
sem parapeito,// onde espreitam monstros viscosos/ cujos grandes
olhos de fósforo/ criam um breu ainda mais negro/ e não iluminam
outra coisa senão eles mesmos;// um navio preso no polo,/ como
numa armadilha de cristal,/ buscando o estreito fatal/ pelo qual
veio cair neste cárcere;

> — Emblèmes nets, tableau parfait
> D'une fortune irrémédiable,
> Qui donne à penser que le Diable
> Fait toujours bien ce qu'il fait!
>
> II
>
> Tête-à-tête sombre et limpide
> Qu'un coeur devenu son miroir!
> Puits de Vérité, clair et noir,
> Où tremble une étoile livide,
>
> Un phare ironique, infernal,
> Flambeau des grâces sataniques,
> Soulagement et gloire uniques,
> — La conscience dans le Mal!

A série dos emblemas conduz a uma dupla "lição": a primeira diz respeito à perfeição das obras do Diabo; a segunda, evidenciada pela separação dos dois últimos quartetos, reduz todas as imagens da queda, da luta contra o afogamento, do cativeiro, da captura entre os monstros e assim por diante a um denominador derradeiro, que é a autorreflexão. As duas lições se equivalem: a despeito de sua superioridade gloriosa, a autorreflexão e a "consciência no Mal" são ainda uma "fortuna irremediável", que prova o império soberano do Diabo.

A queda, a descida angustiada retêm fortemente a imaginação do leitor. Ademais, se quisermos recensear

---

— emblemas nítidos, quadro perfeito/ de uma fortuna irremediável,/ que faz pensar que o Diabo/ faz sempre muito bem tudo o que faz!// II// Cara a cara sombrio e límpido/ de um coração tornado em espelho de si mesmo!/ Poço da Verdade, claro e negro,/ onde estremece uma estrela lívida,// um farol irônico, infernal,/ tocha de graças satânicas,/ alívio e glória únicos/ — a consciência no Mal!

todos os elementos melancólicos, convém notar o elo que associa o ser que cai ou desce e o ambiente adverso que o domina. Esse elo é representado, ao longo do poema, pelo emprego insistente das preposições: *dans, au fond de, contre, au bord de*... A sucessão das matérias e dos lugares que se apoderam de um ser isolado — nas alternâncias ou justaposições da luz e da noite, do branco e das trevas[12] — recorda todas as armadilhas que, ao longo dos séculos, a imaginação dos poetas associou ao destino do melancólico. O *"Styx bourbeux"* é do mesmo elemento que o lodo em que, no *Inferno* de Dante, são mergulhados os *accidiosi*; os redemoinhos e os poços de Baudelaire, como já se observou, são parentes dos de Edgar Poe; o naviu preso no polo é parecido com aquele que Caspar David Friedrich pintou [IL.2, PP.82-3], bem como com o navio de "Manuscrito encontrado numa garrafa", tragado por uma catarata de gelo. A experiência afetiva da melancolia, tantas vezes dominada pelo sentimento de peso, é inseparável da representação de um espaço hostil, que bloqueia ou engole toda tentativa de movimento e que se torna, assim, o complemento externo do peso interno. Da água negra e lodacenta à prisão cristalina da cinestesia infeliz (debater-se, lutar, tatear), e desta à completa imobilidade; da *Ideia* e do *Ser* angélicos ao navio: a sucessão dos emblemas corre na direção do endurecimento, do inanimado, da desespiritualização e da desumanização. O último entrave — a "armadilha de cristal" — anuncia o "espelho" da breve segunda parte. Com o auxílio

12 Esse aspecto do poema foi admiravelmente analisado por Georges Poulet em *La Poésie éclatée* (Paris: PUF, 1980), especialmente nas pp.53-65. Para mais comentários, deve-se ler, entre outros, Arnaldo Pizzorusso, *Sedici commenti a Baudelaire* (Florença: Vallecchi, 1975), pp.148-58.

do Diabo, tudo foi bem preparado para a cena deserta do *tête-à-tête* em que se emparelham os contrários, o "sombrio" e o "límpido", o "claro" e o "negro". Como no *stretto* de uma fuga, vemos acumularem-se os sintagmas nominais, aos quais não se segue nenhum verbo, "principal" ou "auxiliar". Os valores de provocação e de intensidade são marcados pelos oximoros (*"sombre et limpide"*, *"clair et noir"*, *"étoile livide"*, *"grâces sataniques"*).

Nessa segunda parte, destacada como espelho da primeira, o poema propõe uma decifração dos emblemas que desfilaram previamente, com sua carga narrativa implícita. Decifração peremptória, à maneira de salmodia exclamativa. Teremos abandonado o domínio da alegoria? De modo nenhum. O poema passou de uma alegorização quase narrativa a uma alegorização mais hieroglífica. O antagonismo, que os emblemas representavam por meio dos conflitos de uma sucessão de seres e espaços hostis, reduz-se à estrutura mais simples do *tête-à-tête* e se condensa nos oximoros que acabo de mencionar. *"Un coeur"*, transformando-se em *"son miroir"*, cinde-se para tornar-se *outro* diante de si mesmo. É bem verdade que a palavra *"coeur"* prefigura e anuncia o termo conceitual final: *"conscience"*. Mas o coração e o espelho ainda são seres parciais, que fragmentam a unidade do eu. Cada um deles, coração e espelho, detém um poder separado, de olhar e reflexão, replicado pela tríade dos objetos analógicos e simbólicos: o poço, o farol, a tocha. São objetos portadores e difusores de evidência. Neles se exalta o poder luciferino da pura constatação.

Constatação do irremediável, constatação cuja perfeição proporciona *"soulagement et gloire uniques"*.

Se faz pensar nas águas sobre as quais Narciso se inclinou, o *"puits de vérité"* recorda ainda o *"puits parfont de ma merencolie"* ["poço profundo da minha melancolia"] em que Charles d'Orléans via *"l'eau de l'espoir"* ["a água da esperança"] turvar-se e ganhar o negrume da *"encre d'estudie"* ["tinta de escrever"]. Baudelaire, que recorre muitas vezes à palavra *"flambeau"* para dizer o brilho de um olhar, presta homenagem com essas *"grâces sataniques"* a seu ideal de beleza, carregado de melancolia: o Satã de Milton. A *"étoile livide"*, tremendo na água do poço, retoma e resume com exatidão todas as aparições de formas claras sobre fundo escuro, de luzes sobre as trevas (os *"yeux de phosphore"*) que povoaram a primeira parte do poema. Assim, o último verso, em sua exatidão compacta e separado tipograficamente de tudo que o precede, traz consigo toda a riqueza das figuras que fizeram as vezes de explicação prévia do que ele explicita. Ele reluz abstratamente sobre o fundo das visões anteriores. Ele confere ao *"dans"* seu último papel. *"La conscience dans le Mal"* é a resultante de todas as imagens alegóricas que a prefiguraram. E, ao mesmo tempo, remete às primeiras palavras do poema, *"Une Idée"*, como se um círculo recomeçasse e como se o irremediável da melancolia condensasse a queda a repetir-se indefinidamente e o cativeiro a eternizar-se. Como se, enfim, o infortúnio e a *"gloire"* da consciência não pudessem dizer-se adequadamente senão *de outro modo*, por via analógica, isto é: poeticamente.

III Figuras inclinadas:
   "Le Cygne"

Aristóteles,[1] retomado por Ficino,[2] fundou uma definição duradoura: o melancólico é aquele que, melhor que os outros, pode se elevar aos mais altos pensamentos; mas caso, de ardente que era, a bile negra venha a se consumir e resfriar, ela logo será glacial e se converterá em "veneno negro", para usar um termo que Baudelaire retomará. Mais uma vez, basta atentar para a tradição literária e iconológica que se desenvolve a partir dos séculos XVI e XVII: de um lado, o espírito melancólico que sobe aos céus num êxtase de intuição unificadora, de outro, o melancólico que busca a solidão, que se entrega à imobilidade, que se deixa invadir pelo torpor e pelo estupor do desespero.

Exaltação e abatimento: essa dupla virtualidade pertence a um mesmo temperamento, como se cada um desses estados extremos fosse acompanhado pela possibilidade — perigo ou oportunidade — do estado inverso. Pintores, gravuristas, escultores produziram imagens em que, por vezes, não se encontram os índices seguros que permitiriam distinguir entre a tristeza estéril e a meditação fecunda, entre a prostração do vazio e a plenitude do saber. A gravidade inspirada, o gênio pensativo muitas vezes fazem figura de meio-termo entre esses dois estados: o artista que representa esses personagens quer que os vejamos tomados pelo sentimento da morte e por pensamentos imortais. Daí as significações ambíguas que podem assumir, nas artes visuais, a personagem inclinada, que às vezes apoia a cabeça numa das mãos. Esse gesto aponta a presença do corpo que

1 *Problemata* XXX, I. O leitor francês pode consultar a excelente tradução e os comentários de Jackie Pigeaud: Aristóteles, *L'Homme de génie et la Mélancolie* (Paris: Petite Bibliothèque Rivages, 1988). O texto é igualmente reproduzido e comentado em Klibansky, Panofsky, Saxl, *op.cit.*, pp.15-74.

2 *De vita triplici*, in *Opera omnia* em dois volumes (Basileia, 1576), vol. I. Passagens importantes são reproduzidas (em latim) nas pp.104-20 da primeira edição do livro de Panofsky e Saxl (Studien der Bibliothek Warburg II, 1923).

pesa, do espírito que se ausenta. Mas onde ele está? Num exílio irrevogável? Ou em sua "pátria verdadeira"?

Personagens melancólicos, alegorias da melancolia. Se quiséssemos folhear esse álbum (organizado por historiadores atentos), quantas não seriam as figuras inclinadas ou pensativas! Os artistas souberam perceber e manifestar um vínculo psicológico, cujo traço se deixa rastrear nas derivações etimológicas do latim ao francês. *Pencher* provém de *pendicare*, frequentativo de *pendere*. *Penser* por sua vez deriva, através de *pensare*, de *pensum*, particípio passado de *pendere*.[3] (Uma imaginação indisciplinada — mas deve-se exigir disciplina neste terreno? — veria, no pano de fundo do impasse melancólico, a sombra de um enforcado, "Gérard em trajes negros",[4] ou o supliciado de "Un voyage à Cythère".) É bem verdade que não se deve atribuir valor de revelação às genealogias etimológicas. Não sou simpático a argumentos que dependem em última instância de raízes verbais. O jogo de palavras no interior de uma dada língua natural constitui um perigo para a filosofia, por mais que o caminho para o conhecimento passe pelas bodas de Mercúrio e da filologia. No caso em questão — a infigurável melancolia —, as figuras jamais serão numerosas o bastante para, em sua insuficiência, criar um corpo: não repudiaremos os antecedentes ancestrais de nosso vocabulário, e deixaremos que as falsas etimologias forneçam seu contingente de ilusão.

Sobre o que se inclinam esses personagens? Às vezes, sobre o vazio ou sobre o horizonte infinito.[5] Às vezes, sobre signos em que o espírito encontra os traços de ou-

---

3 Cf. A. Ernout e A. Meillet, *Dictionnaire étymologique de la langue latine*, nova edição (Paris: Klincksieck, 1939).

4 "*Gérard en habit noir*": Pierre Jean Jouve, "Treizième", in *Oeuvre* (Paris: Mercure de France, 1987), vol. I, p.1278. Baudelaire imputa à melancolia o destino de Nerval: ele trouxe da vida errante "uma melancolia para a qual o suicídio afinal parece ser o único fim e cura possíveis" — cf. "Hégésippe Moreau", in *Réflexions sur quelques uns de mes contemporains* (OC II, p.156).

5 Cf. William S. Heckscher, *op.cit.*, onde há um excelente comentário do motivo do olhar voltado para a terra.

tro espírito: fólios ou alfarrábios, figuras geométricas, tabelas astronômicas, equações insolúveis ou ainda, quando prevalece a tristeza, sobre ruínas, clepsidras, crânios, monumentos desabados — mortes antigas a indicar profeticamente a morte por vir. Sob os olhos do melancólico, nos quadros dos mestres barrocos, desfilam os objetos emblemáticos do efêmero: colares partidos, velas consumidas, frágeis borboletas, instrumentos musicais reduzidos ao silêncio, melodias interrompidas pela barra dupla de compasso. O pensamento do espectador é voltado para o eterno por força do *memento mori* e da contrição. O olhar do melancólico fixa o insubstancial e o perecível: sua própria imagem refletida. O olhar do espectador, por sua vez, deve *elevar-se* na direção oposta.

*

Releiamos o último "Spleen" (LXXVIII) de Baudelaire: a associação da melancolia e do motivo da "figura inclinada" verifica-se plenamente, num espaço fechado sob o *"couvercle"* [a tampa] do céu e povoado por animais do bestiário melancólico (aranhas e morcegos gerados pelo *"comme"* da relação analógica) e figuras alegorizadas do tormento interior:

> *Quand la terre est changée en un cachot humide,*
> *Où l'Espérance, comme une chauve-souris,*
> *S'en va battant les murs de son aile timide*
> *Et se cognant la tête à des plafonds pourris;*

Quando a terra se transforma num calabouço úmido,/ onde a Esperança, como um morcego,/ vai batendo a asa tímida contra as paredes/ e dando com a cabeça contra os tetos apodrecidos;

> [...] *l'Espoir,*
> *Vaincu, pleure, et l'Angoisse atroce, despotique,*
> *Sur mon crâne incliné plante son drapeau noir.*⁶

6 "Spleen" (LXXVIII), OC I, p.75.

Mais importantes ainda são os textos de Baudelaire em que a figura inclinada não é o próprio eu, mas o objeto contemplado, o ser imaginado ou rememorado. Vê-se então até que ponto a tradição iconológica que acabo de evocar estava presente no espírito do poeta. No "Salon de 1859", o capítulo sobre a escultura começa por um soberbo percurso entre estátuas imaginárias, numa escrita que já é a do poema em prosa.

O desfile "ao fundo de uma biblioteca antiga" é aberto por Harpócrates, o deus do Silêncio, seguido por Apolo e pelas musas. Outras figuras vêm depois, ao ar livre ou sob a abóbada de uma igreja:

> Junto a um bosque, abrigada à sombra espessa, a eterna Melancolia admira seu rosto augusto nas águas de um pequeno lago, tão imóveis quanto ela. E o sonhador que passa, tristonho e encantado, contemplando essa grande figura de membros robustos, mas enfraquecidos por um sofrimento secreto, diz: "Eis minha irmã!".
> Antes que nos entreguemos às confissões ao fundo da pequena capela sacudida pelo trote dos ônibus, somos detidos por um fantasma descarnado e magnífico, que ergue discretamente a enorme tampa de sua sepultura para nos suplicar, criaturas passageiras, que pensemos na eternidade! E, à beira da aleia florida

---

[...] *a Esperança,/ vencida, chora, e a Angústia atroz, despótica,/ sobre meu crânio inclinado planta sua bandeira negra.*

que leva à sepultura dos que ainda nos são caros, a figura prodigiosa do Luto, prostrada, desgrenhada, afogada no riacho de suas lágrimas, esmagando com sua pesada desolação os restos poeirentos de um homem ilustre, ensina que a riqueza, a glória, mesmo a pátria são meras frivolidades diante desse não sei quê que ninguém soube nomear ou definir, que o homem só exprime por meio de advérbios misteriosos como "talvez", "jamais", "sempre" e que contém, conforme esperam alguns, a beatitude infinita, tão desejada, ou a angústia sem trégua, cuja imagem a razão moderna recusa com o gesto convulsivo da agonia.[7]

A Melancolia diante do espelho das águas, convidando ao reconhecimento fraternal; o sepulcro; o vulto do Luto, com seu "riacho de lágrimas": é curioso encontrar aqui, distribuído entre várias figuras, os elementos que se reunirão na imagem de Andrômaca em "Le Cygne".[8] Essas estátuas são figuras consagradas por uma longa tradição: não são originais, mas cumprem uma função simbólica já esperada. Celebrando-as, Baudelaire aquiesce a uma memória cultural monumentalizada, fixada num material pesado (e cujo peso, é claro, está em harmonia com um dos grandes traços da melancolia). A partir desses elementos antigos, que beiram o lugar-comum, Baudelaire fará em "Le Cygne" um quadro de novidade surpreendente. Como veremos, ele retomará o sentido de uma atitude tão imitada que se tornou objeto

[7] "Salon de 1859", OC II, p.669. Essa Melancolia de pedra reaparece em cenário diferente no "Rêve parisien" (OC I, p.102): "*Non d'arbres, mais de colonnades/ Les étangs dormants s'entouraient,/ Où de gigantesques naïades,/ Comme des femmes, se miraient*" [Não de árvores, mas de colunatas/ as águas dormentes se cercavam,/ onde náiades gigantescas,/ como as mulheres, se miravam"].

[8] Certamente é possível alegar a proximidade cronológica. O *Salon de 1859* é publicado em quatro números de *La Revue Française*, entre 10 de junho e 20 de julho de 1859; "Le Cygne" é publicado em *La Causerie* de 22 de janeiro de 1860, segundo as indicações bibliográficas de Claude Pichois em sua edição das *Oeuvres complètes*.

de zombaria, mas tão ligada a valores afetivos fundamentais que, a cada época, os artistas e os poetas a reformularam em sua verdade.

Em "Melancholia", Gautier ironizara a melancolia moderna, tal como a figuram "nossos pintores":

> — *C'est une jeune fille et frêle et maladive,*
> *Penchant ses beaux yeux bleus au bord de quelque rive*
> *Comme un vergiss-mein-nicht que le vent a courbé* [...]
> *Les larmes de ses yeux vont grossir le ruisseau,*
> *Et troublent, en tombant, sa figure dans l'eau.*⁹

Trata-se da versão modernizada e feminilizada do Jacques de Shakespeare, que já era objeto de zombaria por suas atitudes afetadas.

Mas a suspeita lançada por Gautier sobre uma imagem convencional não impedirá que Vigny, nos últimos versos de "La Maison du berger" ["A casa do pastor"] (1843), soe a nota certa, em versos inesquecíveis:

> *Pleurant comme Diane, au bord de ses fontaines,*
> *Ton amour taciturne et toujours menacé.*¹⁰

A Andrômaca de Baudelaire, cujas lágrimas avolumam *"un Simoïs menteur"*, virá responder com uma modernidade ao mesmo tempo próxima e bem diferente daquela que o poema de Vigny denuncia.¹¹

---

9 Théophile Gautier, *Poésies complètes*, 2 vols. (Paris: Charpentier, 1877), vol. I, p.220. Entre "nossos pintores", bem podemos incluir os gravuristas e os litógrafos: Nanteuil, Johannot. Em sua última parte, o poema anuncia: *"La nuit qui nous vient est la nuit éternelle/ De nos cieux dépeuplés il ne descendra pas/ Un ange aux ailes d'or pour nous prendre en ses bras"*.

10 Em "Symétha", poema de juventude (cuja data de composição deve remontar a 1815), Vigny traçara a imagem da *"vierge enfantine"* deixando para trás o *"port du Pirée"*: Symétha *"sur la haute poupe accourue et couchée,/ Saluait, dans la mer, son image penché"*.

11 E, caso quisesse evocar a posteridade das figuras inclinadas, eu não poderia esquecer a nona das "Ariettes oubliées", de Verlaine ("*L'ombre des arbres...*"), a "Hérodiade", de Mallarmé ("*Ô miroir! Eau froide par l'ennui dans ton cadre gelée...*") ou "L'Ange", de Valéry.

— *É uma moça jovem e frágil e enfermiça,/ baixando seus belos olhos azuis à margem de algum rio/ como um miosótis que o vento dobrou* [...]/ *as lágrimas de seus olhos fazem subir o riacho/ e turvam, ao cair, sua figura [refletida] n'água.*

Chorando, como Diana à beira de suas fontes,/ teu amor taciturno e sempre ameaçado.

Le Cygne
À Victor Hugo

I

Andromaque, je pense à vous! Ce petit fleuve,
Pauvre et triste miroir où jadis resplendit
L'immense majesté de vos douleurs de veuve,
Ce Simoïs menteur qui par vos pleurs grandit,

A fécondé soudain ma mémoire fertile,
Comme je traversais le nouveau Carrousel.
Le vieux Paris n'est plus (la forme d'une ville
Change plus vite, hélas! que le coeur d'un mortel);

Je ne vois qu'en esprit tout ce camp de baraques,
Ces tas de chapiteaux ébauchés et de fûts,
Les herbes, les gros blocs verdis par l'eau des flaques,
Et, brillant aux carreaux, le bric-à-brac confus.

Là s'étalait jadis une ménagerie;
Là je vis, un matin, à l'heure où sous les cieux
Froids et clairs le Travail s'éveille, où la voirie
Pousse un sombre ouragan dans l'air silencieux,

Un cygne qui s'était évadé de sa cage,
Et, de ses pieds palmés frottant le pavé sec,
Sur le sol raboteux traînait son blanc plumage.
Près d'un ruisseau sans eau la bête ouvrant le bec

O Cisne// A Victor Hugo// I// Andrômaca, eu penso em ti! Esse córrego,/ pobre e triste espelho em que outrora resplandeceu/ a imensa majestade de teus sofrimentos de viúva,/ esse Simeonte mendaz que cresceu com tuas lágrimas,// fecundou subitamente minha memória fértil,/ quando eu cruzava o novo Carrousel./ A velha Paris não existe mais (a forma de uma cidade/ muda mais rápido, ai de mim!, que o coração de um mortal);// vejo apenas em espírito aquele campo de barracas,/ aqueles amontoados de capitéis esboçados e de colunas,/ a relva, os grandes blocos esverdeados pela água das poças/ e, refletido nas janelas, o bricabraque confuso.// Ali havia outrora uma venda de animais;/ ali eu vi, certa manhã, à hora em que sob os céus/ frios e claros o Trabalho desperta, quando os varredores/ levantam uma sombria tormenta no ar silencioso,// um cisne que fugira da gaiola/ e, raspando com as patas o pavimento seco,/ pelo chão áspero arrastava sua branca plumagem./ Perto de um córrego sem água o animal, abrindo o bico,

Baignait nerveusement ses ailes dans la poudre,
Et disait, le coeur plein de son beau lac natal:
"Eau, quand donc pleuvras-tu? quand tonneras-tu,
                              [foudre?"
Je vois ce malheureux, mythe étrange et fatal,

Vers le ciel quelquefois, comme l'homme d'Ovide,
Vers le ciel ironique et cruellement bleu,
Sur son cou convulsif tendant sa tête avide,
Comme s'il adressait des reproches à Dieu!

II

Paris change! mais rien dans ma mélancolie
N'a bougé! palais neufs, échafaudages, blocs,
Vieux faubourgs, tout pour moi devient allégorie,
Et mes chers souvenirs sont plus lourds que
                              [des rocs.

Aussi devant ce Louvre une image m'opprime:
Je pense à mon grand cygne, avec ses gestes fous,
Comme les exilés, ridicule et sublime,
Et rongé d'un désir sans trêve! et puis à vous,

Andromaque, des bras d'un grand époux tombée,
Vil bétail, sous la main du superbe Pyrrhus,
Auprès d'un tombeau vide en extase courbée;
Veuve d'Hector, hélas! et femme d'Hélénus!

---

banhava nervosamente suas asas na poeira,/ e dizia, o coração tomado por seu belo lago natal:/ "Água, quando cairás como chuva? Quando ressoarás, trovão?"/ Eu vejo esse infeliz, mito estranho e fatal,// por vezes para o céu, como o homem de Ovídio,/ para o céu irônico e cruelmente azul/ voltar a cabeça ávida sobre o pescoço convulsivo,/ como se dirigisse censuras a Deus!// II// Paris muda! Mas nada em minha melancolia/ se mexeu! Palácios novos, andaimes, blocos,/ velhos faubourgs, tudo para mim torna-se alegoria,// e minhas caras lembranças são mais pesadas que rochas.// Assim, diante deste Louvre, uma imagem me oprime:/ eu penso em meu grande cisne, com seus gestos desvairados,/ à maneira dos exilados, ridículo e sublime,/ e devorado por um desejo sem trégua!/ E [eu penso] em ti,// Andrômaca, caída dos braços de um grande esposo,/ gado vil às mãos do soberbo Pirro,/ curvada em êxtase junto a um túmulo vazio;/ Viúva de Heitor, ai de mim!, e mulher de Heleno!

Je pense à la négresse, amaigrie et phtisique,
Piétinant dans la boue, et cherchant, l'oeil hagard,
Les cocotiers absents de la superbe Afrique
Derrière la muraille immense du brouillard;

À quiconque a perdu ce qui ne se retrouve
Jamais, jamais! à ceux qui s'abreuvent de pleurs
Et tètent la Douleur comme une bonne louve!
Aux maigres orphelins séchant comme des fleurs!

Ainsi dans la forêt où mon esprit s'exile
Un vieux Souvenir sonne à plein souffle du cor!
Je pense aux matelots oubliés dans une île,
Aux captifs, aux vaincus!... à bien d'autres encor!

"Le Cygne", grande poema da melancolia, conjuga o ato de pensar e a imagem da figura inclinada. Ele opera essa conjugação aprofundando-a por obra de um espelhamento. A figura inclinada é primeiramente o ser — longínquo, imaginário — para o qual se volta o *pensamento* do "eu lírico". E essa figura inclinada, Andrômaca, é igualmente habitada pelo *pensamento*, pela reminiscência de uma terra distante, pensamento este que se converteu em dor — dor que só pode se agravar quando se inclina sobre o simulacro de uma região oriental, sobre a cópia amesquinhada do rio que atravessava a planície de Troia:

Penso na negra, emagrecida e tísica,/ chafurdando na lama e buscando, com o olhar esgazeado,/ os coqueiros ausentes da soberba África/ atrás da muralha imensa do nevoeiro;// em todos que perderam o que não se reencontra/ nunca, nunca mais! Em todos que bebem suas lágrimas/ e mamam a Dor como se fosse uma boa loba!/ Nos magros órfãos murchando como flores!// Assim, na floresta em que meu espírito se exila,/ uma velha Lembrança faz soar uma trompa a plenos pulmões!/ Eu penso nos marinheiros esquecidos numa ilha,/ nos cativos, nos vencidos!... Em muitos outros mais!

Andromaque, je pense à vous! Ce petit fleuve,
Pauvre et triste miroir où jadis resplendit
L'immense majesté de vos douleurs de veuve,
Ce Simoïs menteur qui par vos pleurs grandit,

A fécondé soudain ma mémoire fertile,
Comme je traversais le nouveau Carrousel.

Cada um desses atos de pensamento, ligado mais ou menos explicitamente a uma perda, marca um afastamento temporal, visa um lugar anterior. "Le Cygne", como se sabe, é o poema do exílio e dos exilados. Ele se torna assim, no contexto específico da modernidade do Segundo Império, o exemplo mais brilhante daquilo que Schiller, em seu famoso ensaio sobre *Poesia ingênua e sentimental* (1795), chamava de "elegia sentimental". O *idílio* sentimental é uma variante dessa atitude poética, e Baudelaire o tem em mente quando anuncia, no primeiro poema dos "Tableaux parisiens" e com toda a ironia da falsa candura, sua vontade de sonhar *"tout ce que l'Idylle a de plus enfantin"* ["tudo o que o Idílio tem de mais infantil"] ("Paysage", OC I, p.82). Recordemos que, para Schiller, a reflexão define a poesia sentimental. O poeta sentimental "reflete sobre a impressão que os objetos lhe causam", e por isso "sempre tem de lidar com duas representações e sensações *conflitantes*, com a realidade enquanto limite e com sua Ideia enquanto infinito".[12] Baudelaire, como já vimos, soube dizê-lo nos mesmos termos: *"Ne suis-je pas un faux accord?"*. Na elegia, segundo Schiller, a natureza

12 F. Schiller, *Über naive und sentimentalische Dichtung* (1795) [citado conforme a tradução de Márcio Suzuki, *Poesia ingênua e sentimental* (São Paulo: Iluminuras, 1991), p.64].

Andrômaca, eu penso em ti! Esse córrego,/ pobre e triste espelho em que outrora resplandeceu/ a imensa majestade de teus sofrimentos de viúva,/ esse Simeonte mendaz que cresceu com tuas lágrimas,// fecundou subitamente minha memória fértil,/ quando eu cruzava o novo Carrousel.

e o ideal são objetos de luto, pois a natureza é representada como perdida, e o ideal, como ainda não atingido. "Spleen et Idéal", título da primeira parte das *Flores do Mal*, corresponde bem de perto às categorias schillerianas.

O aflorar do pensamento e do grupo complexo de imagens rememoradas produziu-se de modo inesperado no espírito do passeante, quando este atravessava uma praça da nova cidade. O lugar, o instante presente suscitam bruscamente uma superposição de lugares e momentos anteriores, todo um pretérito marcado pela destruição, o luto, a perda: esse espaço anterior só encontra apoio e corroboração na memória do poeta.[13] Dele procede a cadeia de analogias que vincula as figuras: estas são "*chers souvenirs*" que o habitam para sempre.

Não é desimportante notar que os tempos e os lugares superpostos em suas refrações sucessivas (Troia, Buthrotum, o velho Louvre, o bairro em demolição, o novo Carrousel) correspondem às idades da poesia: Homero, Eurípides, Virgílio, Racine, o romantismo, a invenção moderna. O fato de que o primeiro objeto de reminiscência, Andrômaca, seja uma personagem poética, atrás da qual não se há de encontrar nenhum ser "real", não sugere apenas que o pensamento, num ímpeto de intensa compaixão, se dirige a um engodo; é também para uma harmonia perdida que o pesar se volta: a música virgiliana, que já não tem lugar nem valor de realidade no mundo presente. Virgílio não era, aliás, o "cisne de Mântua"? O poeta moderno não estará condenado a sobrepor seu "*faux accord*" à melodia virgiliana?

13 Esse aspecto do texto foi estudado por Victor Brombert em "*Le Cygne* de Baudelaire: douleur, souvenir, travail*"*, in *Études baudelairiennes* III (Neuchâtel: La Baconnière, 1973), reproduzido em inglês in *The Hidden Reader* (Cambridge, Mass.: Harvard University Press, 1988).

A palavra *"miroir"*, que aparece no segundo verso, cobra todo seu valor quando se considera a divisão do poema em duas partes. Essa bipartição, como em "L'Irrémédiable", produz um efeito de espelhamento. Na primeira parte, uma primeira aparição da palavra *"jadis"* marca temporalmente a imagem de Andrômaca inclinada sobre o *"petit fleuve"*; o mesmo advérbio ressurge mais tarde para marcar a lembrança daquela "gaiola" da qual, certa manhã, o cisne fugiu. Na segunda parte, quando se retoma a palavra na circunstância presente, esse duplo "outrora" é evocado em ordem inversa, o que consuma uma estrutura especular, comutativa.[14]

O cisne, último a entrar na cena, precede o retorno de Andrômaca, reduzida à condição de *"vil bétail"* em circunstâncias cuja violência o poema dissimula até onde pode. Na segunda reflexão, o pensamento obstina-se em torno de imagens rememoradas, aferra-se a elas para absorvê-las e, no mesmo ato, para agravar e ampliar as causas do sofrimento:

14 Sobre esse movimento "retrógrado", vale consultar as observações de Marc Eigeldinger, "L'Intertextualité mythique dans *Les Fleurs du Mal*", in *Lumières du mythe* (Paris: PUF, 1983), pp.59-61.

> *Aussi devant ce Louvre une image m'opprime:*
> *Je pense à mon grand cygne, avec ses gestes fous,*
> *Comme les exilés, ridicule et sublime,*
> *Et rongé d'un désir sans trêve! et puis à vous,*
>
> *Andromaque, des bras d'un grand époux tombée,*
> *Vil bétail, sous la main du superbe Pyrrhus,*
> *Auprès d'un tombeau vide en extase courbée;*
> *Veuve d'Hector, hélas! et femme d'Hélénus!*

Assim, diante deste Louvre, uma imagem me oprime:/ eu penso em meu grande cisne, com seus gestos desvairados,/ à maneira dos exilados, ridículo e sublime,/ e devorado por um desejo sem trégua! E [eu penso] também em ti,// Andrômaca, caída dos braços de um grande esposo,/ gado vil às mãos do soberbo Pirro,/ curvada em êxtase junto a um túmulo vazio;/ Viúva de Heitor, ai de mim!, e mulher de Heleno!

O cisne é retomado pelo possessivo; tornou-se *"mon grand cygne"*; está marcado pela loucura e pela hipérbole antitética: *"ridicule et sublime"*. Ao pesar de Andrômaca somam-se doravante a servidão e a humilhação de um corpo profanado. As imagens especulares dão lugar a um cúmulo de crueldade e a um assomo de compaixão. O poeta sente-se "oprimido" pelas imagens produzidas por seu pensamento, que lhe oferecem o espetáculo de seres também eles oprimidos — devastados no corpo e na alma. O *"Je pense"* da segunda parte repete o do primeiro verso e suscita o retorno do pensamento sobre os próprios passos. Mas ele não se confina à reiteração do passado. Ancorado no próprio presente, ele atesta, evocando novas imagens, a fecundação operada em si mesmo pelo "córrego" que recolheu as "lágrimas" de Andrômaca. A energia do *"Je pense"* multiplica as figuras atuais do exílio, a começar pela aparição, no singular da solidão concreta, de um outro corpo de mulher consumido pela morte: *"La négresse amaigrie et phtisique"*. Segue-se a série ilimitada dos plurais coletivos: os *"orphelins"*, os *"matelots oubliés dans une île"*, os *"captifs"*, os *"vaincus"* e esses *"autres encor"*, dos quais pode-se dizer que, arrastando o pensamento rumo à suspensão e à indeterminação, fazem que o poema, em seu último verso, se abra como um trecho de música sem cadência conclusiva e sem retorno à tônica. Como se o poema, tendo evocado os *"chapiteaux ébauchés"*, se apresentasse ele mesmo em estado de esboço...

Percebe-se facilmente o eixo de simetria, o ponto central em torno ao qual as duas partes dispõem-se como espelho uma da outra. Trata-se da primeira estrofe da segunda parte, aquela em que surgem, no lugar estratégico e com uma evidência realçada pela rima, a *"mélancolie"* e a *"allégorie"*:

> *Paris change! mais rien dans ma mélancolie*
> *N'a bougé! palais neufs, échafaudages, blocs,*
> *Vieux faubourgs, tout pour moi devient allégorie,*
> *Et mes chers souvenirs sont plus lourds que des rocs.*

Acrescentando toda uma dimensão autorreflexiva, esse quarteto faz as vezes de réplica aos versos 7-12 da primeira parte. Os *"chers souvenirs"* são uma versão mais pesada e petrificada do que primeiramente fora *"vu en esprit"*:

> *Le vieux Paris n'est plus (la forme d'une ville*
> *Change plus vite, hélas! que le coeur d'un mortel);*
>
> *Je ne vois qu'en esprit tout ce camp de baraques,*
> *Ces tas de chapiteaux ébauchés et de fûts,*
> *Les herbes, les gros blocs verdis par l'eau des flaques,*
> *Et, brillant aux carreaux, le bric-à-brac confus.*

Não é abusivo ler esses versos tendo em mente alguns aspectos fundamentais da experiência melancólica.

Paris muda! Mas nada em minha melancolia/ se mexeu! Palácios novos, andaimes, blocos,// velhos faubourgs, tudo para mim torna-se alegoria,// e minhas caras lembranças são mais pesadas que rochas.

A velha Paris não existe mais (a forma de uma cidade/ muda mais rápido, ai de mim!, que o coração de um mortal);// vejo apenas em espírito aquele campo de barracas,/ aqueles amontoados de capitéis esboçados e de colunas,/ a relva, os grandes blocos esverdeados pela água das poças/ e, refletido nas janelas, o bricabraque confuso.

O melancólico perde o sentimento de correlação entre seu tempo interior e o movimento das coisas exteriores. Ele se queixa da lentidão do tempo: *"Rien n'égale en longueur les boiteuses journées"* ["Nada iguala em lentidão os dias claudicantes"].[15] Mas muitas vezes o melancólico sente que tarda em responder ao mundo; muitas vezes sente uma espécie de obstáculo que o imobiliza diante do espetáculo exterior que se acelera vertiginosamente: *"Paris change! mais rien dans ma mélancolie/ N'a bougé"*...[16] A assincronia, o andamento desencontrado do *"coeur d'un mortel"* e da *"forme d'une ville"* estão entre as expressões mais poderosas do estado melancólico.

Certamente, é preciso levar em conta aqui as alterações profundas da paisagem urbana parisiense, consequência das transformações sociopolíticas ligadas à ascensão da indústria e da burguesia.[17] Como toda experiência melancólica, a constatação de que *"Paris change"* é acompanhada sub-repticiamente por uma acusação e projeta uma zona de sombra que não escapou à atenção de muitos leitores recentes. As destruições e reconstruções do urbanismo de meados do século XIX, com sua mistura de monumentalismo e função repressiva, serão uma das causas do *spleen* e do sentimento de exílio? Ou serão evocadas porque o sentimento melancólico não descansa enquanto não encontra um objeto sobre o qual exercer seu trabalho, afixando o sentido da perda sobre toda imagem que consinta em oferecer-lhe, em troca, uma justificativa

15 "Spleen" (LXXVI), OC I, p.73.

16 Pode-se ler uma expressão semelhante de assincronia, ligada à experiência cinestética da paralisia, em dois versos admiráveis de "Goût du Néant" (OC I, p.76): *"Et le Temps m'engloutit minute par minute/ Comme la neige immense un corps pris de roideur"* ["E o Tempo me engole minuto a minuto/ como a neve imensa faz a um corpo hirto"].

17 Essas leituras sociopolíticas devem boa parte de sua inspiração às intuições de Walter Benjamin.

de seu próprio luto? As duas hipóteses são igualmente válidas: não há por que decidir definitivamente em favor de uma ou de outra... Estavam certos os que afirmaram que "Le Cygne" comporta um sentido sociopolítico. Mas seria um engano reduzi-lo a isso.

*

Na tradição iconológica, que Baudelaire parece ter conhecido extensamente, a personagem melancólica ou a Melancolia personificada são rodeadas de objetos díspares, quer se trate de um gabinete de trabalho desordenado, um canteiro de obras interrompidas ou um campo de ruínas semeado de vestígios monumentais (numa gravura de Léon Davent [IL.3, PP.84-5], notam-se os órfãos Rômulo e Remo mamando nas tetas da loba). Ocorre por vezes que esboços e detritos se misturem. A confusão dos elementos é desnorteante: um caos que faz pensar nas etapas que o trabalho alquímico deve obrigatoriamente atravessar para chegar à perfeição da Obra. A pior das melancolias consiste em não poder seguir adiante e deixar-se capturar pelo bricabraque.

Baudelaire, assombrado pela dificuldade do trabalho, assolado pelos fantasmas da fragmentação, não está ausente do cenário que vê *"en esprit"* e que dota de valor alegórico. Assim, o verbo *"voir"*, fazendo eco ao *"Je pense"*, põe em movimento um trabalho de representação que resultará no pleno desdobramento de um "quadro parisiense". Duplo quadro, de vez que se trata a um só tempo de uma Paris de *"jadis"* e também do "*nouveau Carrousel*". A cena que se *construirá* graças à repetição insistente do "*Je vois*" retomará, em certo sentido (ainda que negativo: o exílio), todos os elementos oferecidos pelo acaso e pelo caos. Assim traçado, o quadro acabará por recompor o que se oferecia e continua a se oferecer sob o aspecto da decomposição.

À maneira dos pintores que tanto amava, à maneira de Delacroix, em especial, Baudelaire gosta de fazer que suas figuras apareçam contra certo fundo. O "*camp de baraques*" e seus arredores constituem o pano de fundo contra o qual será disposta a figura do cisne. Esse fundo de cena que a vista alcança por sua vez eleva-se contra um pano de fundo imaginário, povoado pelas figuras da epopeia clássica: Andrômaca, à margem do "córrego" cujo leito ela fez escavar na terra de Épiro, os "soberbos" guerreiros possessivos e assim por diante.

O "*Simoïs menteur*" é uma imagem degradada do rio que corria pelas terras do "*grand époux*". Na sequência, naquele que será o pano de fundo espacial da aparição do cisne, não restará mais que "*l'eau des flaques*". A degradação continuará quando, sob os "*pieds palmés*" do cisne, não subsistir mais que um "*ruisseau sans eau*". A degradação não consiste apenas, no sentido etimológico do termo, na redução ao *trivial*, mas também e sobretudo na estiagem, no esgotamento.

A estrofe do "*camp de baraques*" multiplica as imagens de degradação correspondentes às imagens virgilianas. Prestemos atenção aos elementos fônicos. "*Baraques*" e "*flaques*" rimam derrisoriamente com

"*Andromaque*" (como o faz, de modo subsidiário, "*bric-à-brac*"). Esse efeito de colisão e derrisão é acentuado pela frequência pouco habitual do /k/ no conjunto desse quarteto, como também pelos vários grupos de oclusivas seguidas de líquidas ("*gros blocs*", "*brillant*" e assim por diante).

No canteiro desordenado que forma o fundo geral, o espetáculo se condensa:

Là s'étalait jadis une ménagerie [...]

para depois focalizar-se temporalmente, fixando-se sobre a cena de "*un matin*":

Là je vis, un matin, à l'heure où sous les cieux
Froids et clairs le Travail s'éveille, où la voirie
Pousse un sombre ouragan dans l'air silencieux,

Un cygne qui s'était évadé de sa cage,
Et, de ses pieds palmés frottant le pavé sec,
Sur le sol raboteux traînait son blanc plumage.
Près d'un ruisseau sans eau la bête ouvrant le bec

Baignait nerveusement ses ailes dans la poudre,
Et disait, le coeur plein de son beau lac natal:
"Eau, quand donc pleuvras-tu? quand tonneras-tu,
                                            [*foudre?"*
Je vois ce malheureux, mythe étrange et fatal,

Ali havia outrora uma venda de animais

Ali eu vi, certa manhã, à hora em que sob os céus/ frios e claros
o Trabalho desperta, quando os varredores/ levantam uma
sombria tormenta no ar silencioso,// um cisne que fugira da gaiola/
e, raspando com as patas o pavimento seco,/ pelo chão áspero
arrastava sua branca plumagem./ Perto de um córrego sem água
o animal, abrindo o bico// banhava nervosamente suas asas
na poeira,/ e dizia, o coração tomado por seu belo lago natal:/
"Água, quando cairás como chuva? Quando ressoarás, trovão?"/
Eu vejo esse infeliz, mito estranho e fatal,

Vers le ciel quelquefois, comme l'homme d'Ovide,
Vers le ciel ironique et cruellement bleu,
Sur son cou convulsif tendant sa tête avide,
Comme s'il adressait des reproches à Dieu!

Antes que a brancura do cisne surja em primeiro plano, o próprio momento matinal opõe um fundo (*"les cieux froids et clairs"*, *"l'air silencieux"*) a uma figura alegorizada, o *"Travail"* seguido de uma massa obscura, o *"sombre ouragan"* levantado pelos varredores. Oposição de contrários, de trevas e luz; oposição na simultaneidade, conforme ao gosto pelo oximoro de que a poesia baudelairiana oferece tantos exemplos. O mesmo contraste pictorial entre o claro e o escuro reaparecerá, na segunda parte, quando a *"négresse amaigrie et phtisique"* se destacar contra a *"muraille immense du brouillard"*.

Entre os filhos de Saturno, votados à melancolia, os prisioneiros figuravam em lugar de destaque. O cisne na gaiola é um soberbo emblema da melancolia. (Ignoro se algum pintor ou gravurista alguma vez teve a ideia de representar esse tema. Em todo caso, pode-se ao menos mencionar uma *Melancolia* de Virgil Solis [IL.4, P.87]: nessa gravura, a figura feminina que segura um compasso está inclinada à direita; acompanham-na um cisne e um cervo, e pode-se discernir um bloco, um cilindro de coluna, um rio próximo.)[18] Tendo fugido de sua gaiola para arrastar-se sobre o *"pavé sec"*, sob os *"cieux froids"*, o cisne está condenado à pior das

---

por vezes para o céu, como o homem de Ovídio,/ para o céu irônico e cruelmente azul/ voltar a cabeça ávida sobre o pescoço convulsivo,/ como se dirigisse censuras a Deus!

18 Para Klibansky, Panofsky e Saxl, *op.cit.*, p.378, o cisne dessa gravura representaria o *praesagium atque divinum* característico do melancólico. Ver também Maxime Préaud, "Objets de mélancolie", in *Revue de la Bibliothèque Nationale* 22 (1986), pp.25-35.

melancolias. Segundo a doutrina clássica dos humores, a melancolia é seca e fria: a intuição de Baudelaire levou-o ao encontro dessas duas qualidades substanciais. Acrescentemos que para o cisne fujão, como bem recorda Ross Chambers, a liberdade aparentemente reconquistada vem a ser uma separação ainda mais grave. É a passagem de um cativeiro acidental a um exílio essencial — a uma falta e a uma privação absolutas. O *"pavé sec"* encontra seu correspondente verbal, na segunda parte, nos *"maigres orphelins séchant comme des fleurs"*; o *"ruisseau sans eau"*, a ausência do *"lac natal"*, o *"bec"* aberto assinalam uma sede, uma privação já metafóricas, que a segunda parte acentuará ironicamente com o amargo prazer que consiste em mamar nas tetas da *"Douleur"* ou em matar a sede com *"pleurs"*. A aridez da cena matinal rememorada inscreve-se assim numa posição central, após as duas imagens iniciais de águas ardilosas — o *"Simoïs menteur"* que sobe com as lágrimas de Andrômaca e a *"eau des flaques"* — e antes de outras imagens de águas malsãs, transformadas desta feita em *"boue"*, em *"muraille immense du brouillard"*, e alegorizadas em *"pleurs"*, *"Douleur"* (como se as majestosas *"douleurs de veuve"* do começo tivessem se transformado em seio) e, por fim, em oceano hostil condenando os marinheiros à reclusão numa ilha-prisão.

 O poema abunda em paradoxos e inversões. O paradoxo reside em que, cruzando o *"nouveau Carrousel"*, o poeta só recorde o cisne, visto naquele mesmo lugar, por via da imagem de Andrômaca e por obra de uma fecundação operada pelo *"petit fleuve"* avolumado pelas lágrimas de uma grande viúva: o encadeamento associativo passa pelo mais longínquo. O paradoxo e a inversão residem em que essa fecundação, comparável àquela que torna *"fertile"* a terra do Egito, produza o espetáculo da sede e da aridez (no coração de uma cidade atravessada por um grande rio). A inversão, por sua vez, reside na imagem do *"cou convulsif"* dessa *"bête"*, voltado para o *"ciel ironique"* e contrastando, portanto, com a postura de Andrômaca *"auprès d'un tombeau vide en extase courbée"*. A dimensão da verticalidade, criada pelo cisne, indica uma falta, uma ausência no céu — análogas àquelas que o luto de Andrômaca encontrava na mentira do rio factício e no vazio do cenotáfio. (Recordemos que também em "Alchimie de la douleur" e em "Horreur sympathique" o céu é um espelho.) A fim de qualificar ironicamente o gesto do animal *"tendant son bec avide"*, Baudelaire introduz uma alusão à exaltação clássica da verticalidade humana: *"l'homme d'Ovide"*. E, como para aumentar o número de rimas em –*vide*, Baudelaire repetirá, na segunda aparição de Andrômaca, as sonoridades do nome de Ovídio na forma de um *"tombeau vide"*; deliberada ou não, a repetição suscita um intercâmbio de sentidos. Baudelaire não deixa de recordar que Ovídio é um exilado. (No mesmo ano de 1860, em que "Le Cygne" aparece, Baudelaire publica "Horreur sympathique", poema em que se acumulam as rimas do vazio [*vide*] — acrescidas de *"livide"* — e no qual Ovídio, *"chassé du paradis latin"* ["expulso do paraíso latino"], atesta seu parentesco com as figuras evocadas em "Le Cygne".)[19]

Ora, o *vazio*, a ausência desnorteante de *"pluie"* no *"ciel ironiquement bleu"* são constatações reservadas a um *"coeur plein de son beau lac natal"*: assim como acontecia com a *"mémoire fertile"*, a plenitude é atribuída a um desejo assombrado pela imagem do que lhe foi subtraído. Os contrários são complementares, mas não se completam senão para melhor dizer que toda plenitude está ligada à falta e que toda falta é fonte de um *"extase"* paroxístico. No poema de Ovídio, coubera à divindade dar ao homem o *"os sublime"*, a face voltada para os céus.[20] Agora, o cisne baudelairiano, imagem paródica do primeiro homem criado, volta-se para um céu que não lhe responde, para um Deus que, se existir, será alvo de desafios e *"reproches"*. Assim, e não apenas por seu aspecto *"ridicule"*, o cisne se assemelha aos *"aveugles"* evocados por outro poema dos "Tableaux parisiens":

> *Leurs yeux, d'où la divine étincelle est partie,*
> *Comme s'ils regardaient au loin, restent levés*
> *Au ciel [...]*
>
> *[...] Je me traîne aussi! mais plus qu'eux hébété,*
> *Je dis: Que cherchent-ils au Ciel, tous ces aveugles?*[21]

Diante do cisne, por via da sede insinuada, compartilhada, a palavra interrogativa eleva-se novamen-

---

19 Estudei esses poemas em "Les Rimes du vide", in *Nouvelle Revue de Psychanalyse* 11 (1975), pp.133-43. Jean Roudaut me fez observar que, em "Le Cygne", a frequência comum do /i/ na rima pode ser percebida como disseminação da vogal central de *cygne*.

20 Ovídio, *Metamorfoses* I.84-86. [N.T.]

21 "Les Aveugles", OC I, p.92.

Seus olhos, dos quais a divina centelha se foi,/ como se olhassem ao longe, continuam levantados/ para o céu [...].// [...] Também eu me arrasto! Mas, ainda mais pasmo que eles,/ eu pergunto: o que procuram no Céu, esses cegos todos?

te, pateticamente. Mas não é o poeta que a profere, e sim o animal, de quem então se ouve:

> "*Eau, quand donc pleuvras-tu? quand tonneras-tu, foudre?*"

A partir dessa prosopopeia, que consuma a personificação do animal, este último, "*mythe étrange et fatal*", acede definitivamente ao estatuto de alegoria. Ele figura a perda, a separação, a privação, a vã impaciência. A nostalgia que o faz lamentar o "*lac natal*" supõe uma *distância* insuperável, que não deixa de ser análoga àquela distância que, na alegoria, se instaura entre a imagem "concreta", significante, e a entidade "abstrata" significada: donde a tentação de ler conjuntamente "cisne" [*cygne*] e "signo" [*signe*], como fizeram recentemente vários comentadores, invocando o elemento arbitrário da língua para ler a homonímia como uma sobredeterminação de tipo freudiano.

É preciso notar, contudo, que a alegoria, no uso que dela faz Baudelaire, manifesta-se de maneira dupla. De um lado, ela consiste (para dizê-lo sumariamente) na possibilidade de atribuir um sentido "espiritual" a uma cena da vida cotidiana, a um encontro aparentemente banal em sua literalidade contingente; por outro, na direção inversa, ela confere a entidades "abstratas" uma figura materializada, encarnada, quase visível. No primeiro caso, a *coisa vista*, o cisne fugido de sua gaiola, deixa-se ler *também* como uma figura da nostalgia e do sentimento de exílio;[22] no segundo caso, a "*Douleur*",

---

"*Água, quando cairás como chuva? Quando ressoarás, trovão?*"

[22] Essa é uma das vias de acesso ao símbolo, conforme uma das notas de *Fusées*: "Em certos estados de alma quase sobrenaturais, a profundidade da vida revela-se por inteiro no espetáculo, por mais banal que seja, que temos diante dos olhos. Este se torna símbolo daquela" (OC I, p.659). Cf. H.-R. Jauss, "Baudelaires Rückgriff auf die Allegorie", in W. Haug (org.), *Formen und Funktionen der Allegorie* (Stuttgart: Schöningh, 1980), e *Ästhetische Erfahrung und literarische Hermeneutik* (Munique: Fink, 1977), vol. I, pp.322-42.

recebendo a maiúscula, torna-se *"une bonne louve"*, por tradução imagética e reminiscência mitológica. Nos dois tipos de alegorização, assistimos a um desdobramento do sentido.

Por sua vez, tal desdobramento do sentido é suscetível de uma dupla interpretação: pode-se argumentar que a alegoria manifesta uma superabundância, que ela revela as múltiplas "correspondências" que rodeiam cada objeto do real — ou então as inumeráveis formas sensíveis em que cada entidade ideal pode encarnar. Mas a argumentação inversa é igualmente aceitável: quando, em nossa percepção, o real é incapaz de valer como tal, torna-se necessário desdobrá-lo num segundo sentido, a fim de impedir a dissipação total do sentido e a intrusão do não sentido [*insensé*].[23] Ou, por outra: quando nos tornamos cegos ao mundo tal como ele é, nos comprazemos em inventar um teatro de sombras que seria a projeção das ideias sobre a terra e que mascararia assim a vacuidade do mundo.

Baudelaire quis crer na superabundância do sentido e teve de enfrentar a retração da realidade (tão diretamente atestada pelo fato histórico das destruições operadas na paisagem urbana). Se a alegoria, em "Le Cygne", é do tipo superabundante, ela o é de modo paradoxal, a fim de dizer o exílio e a nostalgia, que clamam por reparação. Reúnem-se assim as duas versões da alegoria (leitura do real e encarnação de ideias) e a dupla interpretação que esta pode receber: excesso ou falta.

23 Sobre as interpretações recentes de "Le Cygne", cf. Ross Chambers, cuja análise pessoal é notável: *Mélancolie et opposition. Les débuts du modernisme en France* (Paris: José Corti, 1987), pp.167-68.

Na primeira estrofe da segunda parte, a *alegoria*, que rima com a *melancolia*, parece petrificar-se entre duas rimas monossilábicas: *"blocs"*, *"rocs"*. E a imobilidade (*"rien* [...] *n'a bougé"*), o peso (a hipérbole que torna os *"chers souvenirs plus lourds que des rocs"*) conferem à melancolia dois dos atributos mais constantemente evocados na tradição poética, médica e filosófica. A alegoria seria assim o cúmulo da melancolia: um meio de conjurar a passagem do tempo e as imagens da destruição, certamente, mas ao custo de paralisar toda a vida, lançando sobre si mesmo e sobre o mundo um olhar de Medusa...

Mas nesse poema, todavia, o pensamento *se move* de alegoria em alegoria. Ele engendra assim um movimento evocativo que se desenvolve, como já notamos, até o extremo de deixar o poema em aberto, numa suspensão irritante. Ou seja, a petrificação não se consumou, por mais que tenha sido afirmada — e talvez tenha sido afirmada justamente para ser conjurada. Pois tão logo, na segunda parte do poema, o *"Je pense"* surge para retomar o ímpeto do enunciado, sente-se que um malefício acaba de ser evitado.

Sabemos que a cisma, a ruminação, é para o clínico um dos índices do estado melancólico, que pode chegar mesmo à "monomania". Mas deve-se ver, na repetição do *"Je pense"*, uma forma de ruminação melancólica? Não seria antes um golpe de remo, uma tomada de fôlego que reanima a consciência, inaugurando um tempo liberador?

Consideremos, na sequência verbal, o modo como intervém o *"Je pense"* inaugural. Intercalado entre o nome de Andrômaca, a quem se dirige a apóstrofe, e o *vous* que a representa, o *"Je pense"* está literalmente cercado pela grande figura feminina: está como engastado nela. Não se trata, de fato, de um *"Je pense"* isolado, tornado absoluto, à maneira do *cogito* cartesiano. Todos os *"Je pense"* do poema *dirigem-se a* seres desafortunados — eles mesmos pensativos e atormentados pelo infortúnio de outros seres ou de outros lugares. Esse *"à"*, de intenção mental, é decisivo. A dedicatória *"à Victor Hugo"*, então exilado, anuncia-o de saída. Igualmente importantes, ao longo do poema, são todas as preposições de direção (deixo o inventário aos cuidados do leitor). Insisto: o movimento do pensamento não se detém na atribuição de um sentido alegórico às figuras visíveis. Ele se move sobretudo *na direção* de certos seres a fim de reuni-los no conjunto sempre em aberto dos *"exilés"*. Não se trata, pois, de uma simples enumeração de figuras homólogas: as várias figuras exemplares podem bem se justapor, sem que, por isso, cada qual deixe de comparecer como se tivesse sido descoberta por um novo ímpeto de compaixão:

> *Je pense à la négresse, amaigrie et phtisique,*
> *Piétinant dans la boue, et cherchant, l'oeil hagard,*
> *Les cocotiers absents de la superbe Afrique*
> *Derrière la muraille immense du brouillard;*

Penso na negra, emagrecida e tísica,/ chafurdando na lama e buscando, com o olhar esgazeado,/ os coqueiros ausentes da soberba África/ atrás da muralha imensa do nevoeiro;

> À quiconque a perdu ce qui ne se retrouve
> Jamais, jamais! à ceux qui s'abreuvent de pleurs
> Et tètent la Douleur comme une bonne louve!
> Aux maigres orphelins séchant comme des fleurs!
>
> Ainsi dans la forêt où mon esprit s'exile
> Un vieux Souvenir sonne à plein souffle du cor!
> Je pense aux matelots oubliés dans une île,
> Aux captifs, aux vaincus!... à bien d'autres encor!

A suspensão final pode ser interpretada como uma fratura, fazendo do poema um objeto análogo às colunas em ruínas que, em tantas alegorias clássicas da Melancolia, juncam as proximidades da personagem pensativa. Mas ela pode ainda ser entendida como signo da não limitação do movimento de compaixão que quer expandir-se sem avareza. Tão logo se dirige a alguém que sofre, o pensamento, impelido por uma caridade genuína, entrevê *"d'autres encor"*.

A estrofe final pede uma última observação. Na cidade transformada, *"devant ce Louvre"*, o poeta sentia-se em estado de exílio. Mas agora seu *"esprit"* imagina o exílio numa floresta, como fuga voluntária rumo a bosques distantes. A essa nova versão do exílio corresponde uma nova versão da memória. Antes líamos: *"Et mes chers souvenirs sont plus lourds que rocs"*. Agora se exalta *"un Souvenir"*, com a maiúscula alegorizante, que faz soar algo de parecido ao *"appel de chasseurs"* ["chamado de caçadores"] que se ouve num outro poema

---

em todos que perderam o que não se reencontra/ nunca, nunca mais! Em todos que bebem suas lágrimas/ e mamam a Dor como se fosse uma boa loba!/ Nos magros órfãos murchando como flores!// Assim, na floresta em que meu espírito se exila,/ uma velha Lembrança faz soar uma trompa a plenos pulmões!/ Eu penso nos marinheiros esquecidos numa ilha,/ nos cativos, nos vencidos!... Em muitos outros mais!

baudelairiano.[24] A lembrança não se petrificou, antes parece dotada de uma vida musicalizada; e, à opressão (*"une image m'opprime"*), sucede a plenitude da respiração. É bem verdade que não deixamos para trás o império da melancolia, mas o peso nefasto foi suplantado por uma fluidez sonora, como se, sob o influxo da respiração e do som, os líquidos da vida reaparecessem. O *"cor"* ["trompa"] não comparece apenas para rimar com o *"encor"* ["ainda", "mais"] final. Se dermos ouvidos ao jogo do som e do sentido das palavras, se observarmos a sequência das letras, como não constatar que as letras que formam o *"cor"* são o palíndromo de *"roc"*, e que o que antes pesava tão terrivelmente agora se aligeira, por obra da inversão? E como não notar que a *plenitude* da respiração vem logo após a evocação do *"tombeau vide"*? Chegamos assim à região da melancolia musical, onde o sofrimento já não é letal, onde o luto já não se traduz em mutismo, onde o prazer, talvez de modo perverso, vem misturar-se ao sofrimento, como já o anunciava o *"extase"* de Andrômaca.

---

24 O confronto é sugerido por uma nota da edição Crépet-Blin das *Fleurs du Mal*. Certamente, esse modo de buscar refúgio em floresta simbólica é um movimento contrário ao ato de presença voltado para a realidade do sofrimento alheio. Vale reler os comentários de Yves Bonnefoy no ensaio "Baudelaire contre Rubens", in *Le Nuage rouge* (Paris: Mercure de France, 1977), p.42.

iv Espelhos derradeiros

Figuras inclinadas, olhares ao espelho, reflexão melancólica: outros textos baudelairianos apresentam-se, na sequência daqueles que lemos. (Observação metodológica: por arbitrária que seja, toda *série* em que textos se sucedem em resposta a uma questão obriga à releitura de outras partes de uma mesma obra ou de outras obras, nas quais despertarão ecos que, de outro modo, passariam despercebidos: trata-se aqui de construções da crítica e, igualmente, de percursos secretos, mas objetivos, da obra.)

Em "Recueillement", as alegorias mesclam-se difusamente a uma luz noturna; o poeta, dirigindo-se com ternura a sua "Dor", mostra-lhe certas figuras inclinadas que assumiram uma admirável estatura espacial e temporal. Bastará citar e escutar:

> [...] *Vois se pencher les défuntes Années,*
> *Sur les balcons du ciel, en robes surannées;*
> *Surgir du fond des eaux le Regret souriant;*
>
> *Le Soleil moribond s'endormir sous une arche,*
> *Et, comme un long linceul traînant à l'Orient,*
> *Entends, ma chère, entends la douce Nuit qui marche.*[1]

[1] "Recueillement", OC I, p.141.

No entorpecimento e quase dissolução da imagem, os "anos defuntos" não contemplam o próprio reflexo na superfície do rio: é um novo ser melancólico, *"le Regret souriant"*, que parece responder-lhes. E o elemento fúnebre dissemina-se em pinceladas esparsas...

Vê os anos defuntos que se inclinam/ nos balcões do céu, em trajes antiquados;/ [vê] surgir do fundo das águas o Pesar sorridente;// [vê] o Sol moribundo adormecer sob um arco/ e, como um longo sudário desdobrando-se rumo ao Oriente,/ escuta, querida, escuta a suave Noite que caminha.

Numa outra ocasião, encontramos "*années*" rimando com "*surannées*" e novamente envolvendo uma figura inclinada. Releia-se "La Lune offensée", soneto patético e irônico. O poeta apostrofa a lua, "*lampe de nos repaires*" ["lampião de nosso covil"], e lhe pergunta o que ela vê. Leiamos apenas os dois tercetos:

> *Sous ton domino jaune, et d'un pied clandestin,*
> *Vas-tu, comme jadis, du soir jusqu'au matin,*
> *Baiser d'Endymion les grâces surannées?*
>
> "*— Je vois ta mère, enfant de ce siècle appauvri,*
> *Qui vers son miroir penche un lourd amas d'années,*
> *Et plâtre artistement le sein qui t'a nourri!*"[2]

2 "La Lune offensée", OC I, p.142. Podemos perguntar-nos sobre o sentido do título: a lua se ofendeu porque viu a mãe se contemplando ou porque o poeta lhe pergunta o que ela está vendo?

3 Cf. Jean Prévost, *Baudelaire. Essai sur l'inspiration et la création poétiques* (Paris: Mercure de France, 1953), pp.150-52.

Estranho discurso proferido por uma fria testemunha celeste e que oferece uma imagem da mãe diante do espelho, que por sua vez se aparenta a uma água-forte dos *Caprichos* [IL.5, P.89]. Em "Les Phares", como já se observou, Baudelaire evocara a arte de Goya como "*un cauchemar plein de choses inconnues*" ["um pesadelo repleto de coisas desconhecidas"] — entre as quais "*de vieilles au miroir*" ["velhas diante do espelho"].[3] Cena de coquetismo macabro, traído por um olhar indiscreto, e que revela o contrário do sofrimento de Andrômaca. Nenhuma lágrima: a aridez prevalece, acentuada pelo verbo *plâtrer*. E que paródia do artista nas quatro sílabas pelas quais se estende a palavra "*artistement*"! (Resistamos à tentação de isolar a denúncia da mentira — a

---

Sob teu dominó amarelo e com um passo clandestino,/ tu vais, como outrora, da noite à manhã,/ beijar de Endimião as graças passadas?// "*— Vejo tua mãe, [ó] filho deste século empobrecido,/ que inclina diante do espelho um pesado feixe de anos/ e que empoa [literalmente: engessa] artisticamente o seio que te nutriu!*"

sílaba *"ment"* — nesse advérbio posto em tão bela evidência.) O filho, isto é, o "poeta", persegue uma arte mais difícil, ele se inclina contra o obstáculo e dá *"du front sur son travail"* ["de cabeça no trabalho", (verso 7)].

Não é o caso de afirmar que essa imagem da mãe diante do espelho revela o segredo da melancolia das outras figuras inclinadas. Mas convém pensar em outro poema, "Je n'ai pas oublié...".[4] Poema que evoca a época feliz em que a criança detinha, sozinha, toda a ternura de uma mãe que ainda não contraíra novas núpcias. Coisa estranha, acidental, mas talvez tão significante quanto um lapso: não há mais que duas ocorrências da palavra *plâtre* [gesso] na poesia de Baudelaire. Lemos a primeira: *"plâtre artistement"*. Na segunda, a palavra, agora em forma substantiva, é novamente associada à mãe ou, mais exatamente, aos lugares e às figuras ornamentais que a presença da mãe tornou inesquecíveis; o *plâtre* diz a precariedade, é o menos nobre dos materiais:

> *Je n'ai pas oublié, voisine de la ville,*
> *Notre blanche maison, petite mais tranquille;*
> *Sa Pomone de plâtre et sa vieille Vénus* [...].

Como em "La Lune offensée", não se esquece o olho celeste: desta feita, trata-se do generoso sol noturno, *"ruisselant et superbe"*. Nem o futuro poeta nem a mãe observam-se no espelho. Não são prisioneiros de sua semelhança solitária. Quando Baudelaire evoca

---

Não esqueci, vizinha à cidade,/ nossa casa branca, pequena mas tranquila;/ sua Pomone de gesso e sua velha Vênus [...].

4 "Je n'ai pas oublié...", OC I, p.99. O poema faz parte dos "Tableaux parisiens", e Baudelaire o assinalou à mãe como uma peça que "lhe diz respeito"; cf. OC I, p.1036n. Consagrei um estudo estilístico a esse poema: "Je n'ai pas oublié...", in *Au bonheur des mots. Mélanges en l'honneur de Gérald Antoine* (Nancy, 1984), pp.49-72.

"*nos dîners longs et silencieux*", é legítimo imaginar a criança e a mãe face a face, trocando olhares. Todavia, os *reflexos* não estão ausentes desses dez versos; apenas são projetados, refratados, espalhados, e não devolvidos por meio da reflexão. São reflexos que *atravessam* um vidro e que santificam a mesa da refeição:

> [...] *Et le soleil, le soir, ruisselant et superbe,*
> *Qui, derrière la vitre où se brisait sa gerbe,*
> *Semblait, grand oeil ouvert dans le ciel curieux,*
> *Contempler nos dîners longs et silencieux,*
> *Répandant largement ses beaux reflets de cierge*
> *Sur la nappe frugale et les rideaux de serge.*

"*Je n'ai pas oublié*" equivale a "*Je pense à vous*". Não seria possível dizer que, ao evocar a luz que escoa e se espalha ao redor, o poeta sente "*le coeur plein de son beau lac natal*", à maneira do cisne? O tempo rememorado é o tempo anterior ao exílio, à melancolia e a seus espelhos. Se as imagens do tormento não figuram neste poema, isso decerto acontece porque, aquém do tormento, atingiu-se a própria fonte do tormento, no calor dos "*reflets de cierge*". A luz do sol ocupa o lugar do pai.

Ao mito de um calor primeiro responde — quando Baudelaire compõe em tom maior, na tonalidade da esperança — o mito de um calor derradeiro. Alguns dos poemas de "La Mort", sobretudo "La Mort des amants",[5] eliminam a obscura matéria da melancolia, consumindo-a numa chama gloriosa:

5 "La Mort des amants", OC I, p.126. Cf. Michel Deguy, "Notes en vue de l'analyse de *La Mort des amants*", in *Poétique* 3 (1970), pp.342-46.

E o sol, à tarde, transbordante e soberbo,/ que, atrás da vidraça em que se rompia seu feixe,/ parecia, grande olho aberto no céu curioso,/ contemplar nossos jantares demorados e silenciosos,/ espalhando largamente seus belos reflexos de círio/ sobre a toalha frugal e as cortinas de sarja.

Usant à l'envi leurs chaleurs dernières,
Nos deux coeurs seront deux vastes flambeaux,
Qui réfléchiront leurs doubles lumières
Dans nos deux esprits, ces miroirs jumeaux.

Do duplo espelho virá o *"éclair unique"* ["brilho único"] da união na morte:

Et plus tard un Ange, entrouvrant les portes,
Viendra ranimer, fidèle et joyeux,
Les miroirs ternis et les flammes mortes.

Numa emblemática neoplatônica, que se inspira e se distancia da tradição religiosa [IL.6, P.91], é fora da vida que há de brilhar, num duplo espelho ressuscitado, a luz da reciprocidade espiritual. Mas o calor se esvai. Os reflexos nos espelhos gêmeos não são mais as chamas do coração. A permuta assim figurada não se consuma na existência corpórea. A promessa, futura, vale por *outra* realidade — por uma realidade na qual os espelhos não produziriam um simulacro degradado, que fere e que é ferido, mas um brilho imaculado. Esse é o sonho. Ele ecoa *"le terrible paysage"* ["a terrível paisagem"] do "Rêve parisien":

[...] c'étaient
D'immenses glaces éblouies
Par tout ce qu'elles reflétaient.[6]

6 "Rêve parisien", OC I, p.102.

Usando à porfia seus últimos calores,/ nossos dois corações serão duas vastas tochas,/ que refletirão seus duplos lumes/ em nossos dois espíritos, esses espelhos gêmeos.

E mais tarde um Anjo, entreabrindo as portas,/ virá reanimar, fiel e feliz,/ os espelhos embaçados e as chamas mortas.

[...] eram/ imensos espelhos, ofuscados/ por tudo o que refletiam.

O sonho, que logo será interrompido brutalmente pelas trevas do verdadeiro céu, desdobra a magia de um imenso espelho móvel e composto, ele mesmo, de infinitas superfícies refletoras. Esses espelhos de pura luz só podem brilhar no vazio, livres de opacidade. Os da vida presente e terrena são diferentes: refletem lucidamente nossa sombra, quando em nós cai a noite.

1. GEORGES DE LA TOUR, *MADALENA EM VIGÍLIA*, C.1640-1645, PARIS, MUSÉE DU LOUVRE

2. CASPAR DAVID FRIEDRICH, *O MAR CONGELADO*, 1823-1824, HAMBURGO, KUNSTHALLE [PP.82-3]

3. LÉON DAVENT, *RÔMULO E REMO*, C.1560, PARIS, BIBLIOTHÈQUE NATIONALE DE FRANCE [PP.84-5]

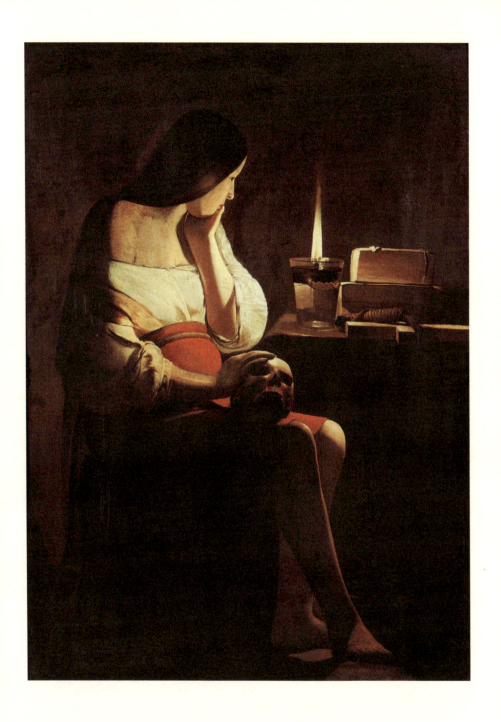

4. VIRGIL SOLIS, *O MELANCÓLICO*, 1550,
PARIS, BIBLIOTHÈQUE NATIONALE DE FRANCE

MAN MELANCLICI STUDIUM SINE FINE PERERRANT
HAC GENERIS CELEBRES PRÆ FUERE VIR

5. FRANCISCO DE GOYA, *ATÉ A MORTE, DA SÉRIE OS CAPRICHOS*, 1797-1799, PARIS, BIBLIOTHÈQUE NATIONALE DE FRANCE

Hasta la muerte.

6. GEORGES DE LA TOUR, *MADALENA PENITENTE*, C.1640, NOVA YORK, THE METROPOLITAN MUSEUM OF ART

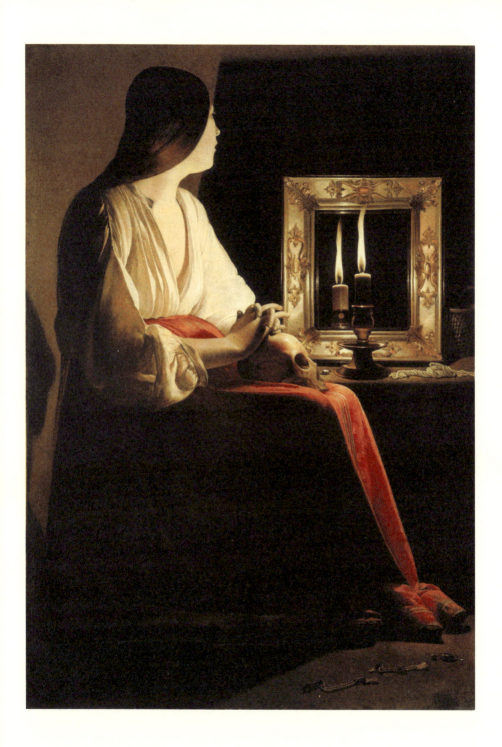

Sobre a coleção

FÁBULA: do verbo latino *fari*, "falar", como a sugerir que a fabulação é extensão natural da fala e, assim, tão elementar e diversa e escapadiça quanto esta; donde também falatório, rumor, diz-que-diz, mas também enredo, trama completa do que se tem para contar (*acta est fabula*, diziam mais uma vez os latinos, para pôr fim a uma encenação teatral); "narração inventada e composta de sucessos que nem são verdadeiros, nem verossímeis, mas com curiosa novidade admiráveis", define o padre Bluteau em seu *Vocabulário português e latino*; história para a infância, fora da medida da verdade, mas também história de deuses, heróis, gigantes, grei desmedida por definição; história sobre animais, para boi dormir, mas mesmo então todo cuidado é pouco, pois há sempre um lobo escondido (*lupus in fabula*) e, na verdade, "é de ti que trata a fábula", como adverte Horácio; patranha, prodígio, patrimônio; conto de intenção moral, mentira deslavada ou quem sabe apenas "mentirada gentil do que me falta", suspira Mário de Andrade em "Louvação da tarde"; início, como quer Valéry ao dizer, em diapasão bíblico, que "no início era a fábula"; ou destino, como quer Cortázar ao insinuar, no *Jogo da amarelinha*, que "tudo é escritura, quer dizer, fábula"; fábula dos poetas, das crianças, dos antigos, mas também dos filósofos, como sabe o Descartes do *Discurso do método* ("uma fábula") ou o Descartes do retrato que lhe pinta J.B. Weenix em 1647, de perfil, segurando um calhamaço onde se entrelê um espantoso *Mundus est fabula*; ficção, não-ficção e assim infinitamente; prosa, poesia, pensamento.

projeto editorial SAMUEL TITAN JR./ projeto gráfico RAUL LOUREIRO

Sobre o autor

JEAN STAROBINSKI nasceu em Genebra, em 1920, filho de um casal de estudantes judeu-poloneses que chegara à Suíça para estudar medicina pouco antes da I Guerra Mundial. Estudou letras e medicina na Universidade de Genebra, num regime de fecundação mútua cultivado ao longo de toda a vida. Doutorou-se em medicina com uma tese sobre a *Histoire du traitement de la mélancolie* (Lausanne, 1960) e trabalhou por vários anos como clínico e psiquiatra em hospitais suíços. Ao mesmo tempo, perseguia a carreira nas letras, estudando com mestres como Albert Béguin, Marcel Raymond, Georges Poulet e Jean Rousset; escreveu uma tese sobre Rousseau que se tornaria um clássico sobre o assunto, *Jean-Jacques Rousseau, la transparence et l'obstacle* (1957); e passou uma frutífera temporada docente na Universidade Johns Hopkins (1953-1956), onde travou contato mais profundo com a história das ideias e com a estilística, ali representada por Leo Spitzer. Em 1958, deu início a uma longa carreira docente na Universidade de Genebra, lecionando literatura francesa, história das ideias e história da medicina. Ensaísta brilhante, Starobinski publicou textos decisivos sobre seus temas e autores de eleição: Rousseau, Montaigne, Diderot, Baudelaire, as artes no século XVIII, a melancolia, a psicanálise e a natureza da crítica. De sua vasta bibliografia, vale citar, entre outros livros, *L'Oeil vivant* (1961), *L'Invention de la liberté* (1964), *La Relation critique* (1970), *Les Mots sous les mots: les anagrammes de Ferdinand de Saussure* (1971), *1789: Les Emblèmes de la raison* (1973), *Montaigne en mouvement* (1982), *Le Remède dans le mal* (1989), *Action et réaction*

(1999), *Les Enchanteresses* (2006). Em 2012, ao completar 92 anos de idade, lançou três coletâneas de ensaios dispersos: *Accuser et séduire*, sobre Rousseau; *Diderot, un diable de ramage*; e ainda *L'Encre de la mélancolie*. A estes seguiu-se uma coletânea de textos sobre a crítica, *Les Approches du sens*, publicada em 2013. Jean Starobinski faleceu em 2019.

Sobre o tradutor
SAMUEL TITAN JR. nasceu em Belém, em 1970. Estudou filosofia na Universidade de São Paulo, onde leciona Teoria Literária e Literatura Comparada desde 2005. Editor e tradutor, organizou com Davi Arrigucci Jr. uma antologia de Erich Auerbach (*Ensaios de literatura ocidental*) e assinou versões para o português de autores como Adolfo Bioy Casares (*A invenção de Morel*), Gustave Flaubert (*Três contos*, em colaboração com Milton Hatoum), Jean Giono (*O homem que plantava árvores*, em colaboração com Cecília Ciscato), Voltaire (*Cândido ou o otimismo*), Prosper Mérimée (*Carmen*), Eliot Weinberger (*As estrelas*), José Revueltas (*A gaiola*) e Charles Baudelaire (*O spleen de Paris*).

Sobre este livro
A melancolia diante do espelho, São Paulo, Editora 34, 2021 TÍTULO ORIGINAL *La Mélancolie au miroir*, Paris, Julliard, 1989 ©Jean Starobinski, 2014 TRADUÇÃO Samuel Titan Jr. PREPARAÇÃO Denise Pessoa REVISÃO Flávio Cintra do Amaral, Sandra Brazil PROJETO GRÁFICO Raul Loureiro IMAGEM DE CAPA Georges de La Tour, *Madalena em vigília*, c.1640-45 (detalhe), Bridgeman Art Library ESTA EDIÇÃO ©Editora 34 Ltda., São Paulo; 1ª edição, 2014, 1ª reimpressão, 2021. A reprodução de qualquer folha deste livro é ilegal e configura apropriação indevida dos direitos intelectuais e patrimoniais do autor. A grafia foi atualizada segundo o Acordo Ortográfico da Língua Portuguesa de 1990, que entrou em vigor no Brasil em 2009.

Copyright @Editora 34 Ltda. (edição brasileira), 2014
Tradução @Samuel Titan Jr., 2014
La Mélancolie au miroir ©Juilliard, Paris, 2014
Imagens pp.81, 82-3, 91 ©Bridgeman Art Library
1ª Edição – 2014, 1ª Reimpressão – 2021
CIP — BRASIL. CATALOGAÇÃO-NA-FONTE
(Sindicato Nacional dos Editores de Livros, RJ, Brasil)

Starobinski, Jean
A melancolia diante do espelho: três leituras de Baudelaire /
Jean Starobinski; tradução de Samuel Titan Jr. –
São Paulo: Editora 34, 2014 (1ª Edição), 2021 (1ª Reimpressão).
96 p. (Coleção Fábula)
Tradução de: La Mélancolie au miroir
ISBN 978-85-7326-552-1
1. Crítica literária – Poesia. 2. Baudelaire, Charles, 1821-1867.
I. Titan Jr., Samuel. II. Título. III. Série.
CDD-844S

TIPOLOGIA Abril PAPEL Pólen Bold 90g/m² IMPRESSÃO Ipsis Gráfica e Editora, em abril de 2021 TIRAGEM 2000

INSTITUT FRANÇAIS

*Cet ouvrage a bénéficié du soutien
des Programmes d'aide à la publication de l'Institut français.*

Esta obra contou com o auxílio
dos Programas de Apoio à Publicação do Institut Français.

EDITORA 34

Editora 34 Ltda. Rua Hungria, 592
Jardim Europa CEP 01455-000
São Paulo — SP Brasil
Tel/Fax (11) 3816-6777
www.editora34.com.br